essentials

essentials liefern aktuelles Wissen in konzentrierter Form. Die Essenz dessen, worauf es als „State-of-the-Art" in der gegenwärtigen Fachdiskussion oder in der Praxis ankommt. *essentials* informieren schnell, unkompliziert und verständlich

- als Einführung in ein aktuelles Thema aus Ihrem Fachgebiet
- als Einstieg in ein für Sie noch unbekanntes Themenfeld
- als Einblick, um zum Thema mitreden zu können

Die Bücher in elektronischer und gedruckter Form bringen das Expertenwissen von Springer-Fachautoren kompakt zur Darstellung. Sie sind besonders für die Nutzung als eBook auf Tablet-PCs, eBook-Readern und Smartphones geeignet. *essentials:* Wissensbausteine aus den Wirtschafts-, Sozial- und Geisteswissenschaften, aus Technik und Naturwissenschaften sowie aus Medizin, Psychologie und Gesundheitsberufen. Von renommierten Autoren aller Springer-Verlagsmarken.

Weitere Bände in der Reihe http://www.springer.com/series/13088

Birgit Schenk · Claudia Schneider

Mit dem digitalen Reifegradmodell zur digitalen Transformation der Verwaltung

Leitfaden für die Organisationsgestaltung auf dem Weg zur Smart City

Birgit Schenk
Hochschule für öffentliche Verwaltung
und Finanzen Ludwigsburg
Ludwigsburg, Deutschland

Claudia Schneider
Hochschule für öffentliche Verwaltung
und Finanzen Ludwigsburg
Ludwigsburg, Deutschland

ISSN 2197-6708   ISSN 2197-6716   (electronic)
essentials
ISBN 978-3-658-27753-6   ISBN 978-3-658-27754-3   (eBook)
https://doi.org/10.1007/978-3-658-27754-3

Die Deutsche Nationalbibliothek verzeichnet diese Publikation in der Deutschen Nationalbibliografie; detaillierte bibliografische Daten sind im Internet über http://dnb.d-nb.de abrufbar.

Springer Gabler

Springer Gabler ist ein Imprint der eingetragenen Gesellschaft Springer Fachmedien Wiesbaden GmbH und ist ein Teil von Springer Nature.
Die Anschrift der Gesellschaft ist: Abraham-Lincoln-Str. 46, 65189 Wiesbaden, Germany

Was Sie in diesem *essential* finden können

- Speziell für die Verwaltung entwickeltes digitales Reifegradmodell zur Unterstützung der digitalen Transformation
- Anwendungsbeispiele aus der Praxis, wie das Modell für die Organisationsentwicklung konkret genutzt werden kann
- Praxisnaher Leitfaden für den Aufbau strategischer Kompetenz in der Verwaltung
- Hilfe bei der Bewertung und Weiterentwicklung des bisherigen Vorgehens

Vorwort

Kommunen sehen sich zunehmend gefordert, die digitale Transformation innerhalb ihrer Verwaltung voran zu treiben. Dies vor allem auch, weil am Zielhorizont schon das Konzept der Smart City skizziert ist. Doch wo anfangen und wie vorgehen? Will man wirklich vorankommen, ist es wichtig, die eigene Organisation ganzheitlich in den Blick zu nehmen. Es reicht nicht, auf Technologie zu setzen. Sowohl Strukturen und Prozesse, als auch die Organisationskultur und das Lernen der Organisationsmitglieder sind zu entwickeln und deren Veränderungen ganzheitlich zu orchestrieren. Das im Folgenden vorgestellte digitale Reifegradmodell bietet Hilfe auf zwei Ebenen: Erstens ermöglicht es – zu Beginn oder als Zwischenevaluation eines Veränderungsvorhabens – den Status quo in allen Bereichen der Organisation zu messen und zu erkennen. Zweitens hilft es bei der Strategieentwicklung und -anpassung, um den Transformationsprozess zielgerichtet steuern zu können. Unser Dank gilt den Kommunalverwaltungen, ihren Verantwortlichen und Mitarbeitenden, die sich in unseren Forschungskooperationen auf einen für sie unbekannten Weg eingelassen haben und diesen mutig mit uns gegangen sind. Hätten sie sich nicht als Forschungsfelder zur Verfügung gestellt, gäbe es heute dieses Instrument für die öffentliche Verwaltung nicht.

Birgit Schenk
Claudia Schneider

Einleitung

Das Anspruchsdenken aller Stakeholdergruppen, beginnend bei Unternehmen und Wirtschaft bis hin zu Bürgern und Gesellschaft, hat sich verändert. Über weite Strecken findet das gesellschaftliche Leben bereits digital statt, sei es über Social Media, Mobile- und Cloud-Technologien oder durch das Internet der Dinge (D21Index 2019), das bspw. Autofahrer mithilfe ihrer Navigationsgeräte intensiv nutzen. Der Druck auf die öffentliche Verwaltung steigt stetig. Auch sie muss sich zeitgemäß präsentieren und mit der digitalen Entwicklung Schritt halten (PWC-Studie 2016; Hunnius 2017, S. 22). Kommunen sehen sich daher zunehmend gefordert, die digitale Transformation innerhalb ihrer Verwaltung voran zu treiben. Nur so wird man eine echte Smart City. Smart Cities sind Städte, die durch die Nutzung intelligent vernetzter Informations- und Kommunikationstechnologien die zunehmende Komplexität managen und dabei alle Teilbereiche wie Ernährung, Mobilität, Gesundheit etc. verbinden, um einen Mehrwert für ihre Unternehmen und Bürger zu schaffen (Ender 2015). Die digitale Transformation – also die Nutzung digitaler Technologie für eine radikale Verbesserung wie auch Erneuerung der Leistungserstellung und Serviceerbringung – geht allerdings nur zögerlich voran (Bourreau et al. 2012; Weber 2018, S. 159; DESI 2019). In Ermangelung strategischer Steuerung verliert sich die Verwaltung derzeit oft in einem aktionistischen Flickenteppich aus Maßnahmen, die vor allem auf die Erzielung einer entsprechenden Außenwirkung gerichtet sind (Fromm et al. 2015). Weite Teile des Verwaltungsinneren bleiben dagegen in alten Mustern und Vorgehensweisen stecken. In der Konsequenz geht die Schere immer weiter auf – zwischen Bereichen, die sich modernisieren und anderen, die sich der Modernisierung verweigern. Um dies zu vermeiden, muss die digitale Transformation zielgerichtet und aktiv gestaltet werden (Fasel und Meier 2016, S. 323). Dies gelingt durch die Bestimmung des Status quo und einer Vision bzw. eines antizipierten Zielzustandes. Nur, wenn Ausgangsbasis und Zielzustand bekannt sind, können Strategieentwicklung und -umsetzung greifen. Ansonsten laufen viele Maßnahmen entweder ins Leere, versanden halbfertig oder bedienen oberflächliche Bedarfe, ohne allerdings tiefgreifende Veränderungen in den zugrunde liegenden Geschäftsmodellen und damit nachhaltige Entwicklungen anzustoßen. Von elementarer Bedeutung ist in diesem Zusammenhang, dass die Verantwortlichen die Organisation ganzheitlich in den Blick nehmen. Die digitale Transformation lebt davon, dass Entwicklungen in allen Bereichen der Organisation zielgerichtet angestoßen und kombiniert werden. Neue und alte Geschäftsmodelle, Strukturen und Abläufe, die Organisationskultur und das Lernen der Organisationsmitglieder müssen zueinander passen und Hand in Hand gestaltet werden.

Inhaltsverzeichnis

1 Das digitale Reifegradmodell für die öffentliche Verwaltung 1
   1.1 Modelldimension: Kernwerte, Grundhaltung 2
   1.2 Modelldimension: Strategie, Strukturen, Prozesse 4
   1.3 Modelldimension: Digitalisierungsförderliche Organisationskultur 12
   1.4 Modelldimension: Personal 13
   1.5 Die Messung der digitalen Reife 16

2 Beispiele für strategische Steuerung aufgrund von Reifegraddiagnostik 19
   2.1 Fallbeispiel 1: Evaluation einer kommunalen Standortbestimmung 19
   2.2 Fallbeispiel 2: Ermittlung der Ausgangsbasis für die Entwicklung einer kommunalen Digitalisierungsstrategie 23
   2.3 Fallbeispiel 3: Behördenvergleich und Evaluation des Digitalisierungsfortschritts 33

3 Zusammenfassung und Ausblick 39

Literatur 43

Das digitale Reifegradmodell für die öffentliche Verwaltung

1

Digitale Reifegradmodelle helfen bei der Steuerung der digitalen Transformation. Sie nehmen die einzelnen, erfolgskritischen Facetten der Organisation in den Blick. Mit ihrer Hilfe ist es möglich, deren Ausprägung zu Beginn der digitalen Transformationsbemühungen zu bestimmen und zu prüfen, wie erfolgreich der Veränderungsverlauf ist. Digitale Reifegradmodelle können im Sinne einer Selbsteinschätzung Lücken aufzeigen, zur fokussierten Ressourcenallokation bei Investitionen dienen, als Benchmark eingesetzt oder auch nur als Gesprächsgrundlage auf der Führungsebene herangezogen werden (de Bruin et al. 2005; Berghaus et al. 2017, S. 75). Sind sie präskriptiv, lässt sich aus den aufeinander folgenden diskreten Rangstufen ein Entwicklungspfad für eine Organisation antizipieren (de Bruin et al. 2005). Ein digitales Reifegradmodell kann somit helfen, durch die Beschäftigung mit unterschiedlichen Dimensionen und ihren Teilbereichen die eigene Organisation, sowie mögliche Entwicklungen besser zu verstehen (Berghaus und Back 2016, S. 101 f.). Anhand der in einem digitalen Reifegradmodell aufgeführten Indikatoren können Führungskräfte nicht nur erkennen, wo ihre Organisation aktuell steht, sondern auch, wo es Handlungsbedarf gibt. Daraus lässt sich eine Umsetzungsplanung für die Digitalisierung einer Kommune ableiten (de Bruin et al. 2005, S. 3; Jahani et al. 2010) und im Fortgang der Veränderung überprüfen, ob die gewählten Maßnahmen die gewünschte Wirkung zeigen. Wirkung wird dahin gehend verstanden, dass die Organisation die nächsthöhere Digitalisierungsstufe erreicht.

Das im Folgenden beschriebene digitale Reifegradmodell ist domänenspezifisch für die Leistungserstellung und -erbringung der öffentlichen Verwaltung entwickelt worden und verdeutlicht, wie eine Verbesserung des Reifegrades der eigenen Verwaltung erreicht werden kann. Die Erarbeitung des Reifegradmodells

© Springer Fachmedien Wiesbaden GmbH, ein Teil von Springer Nature 2019
B. Schenk und C. Schneider, *Mit dem digitalen Reifegradmodell
zur digitalen Transformation der Verwaltung,* essentials,
https://doi.org/10.1007/978-3-658-27754-3_1

erfolgte nach de Bruin et al. (2005) in drei Phasen. In der ersten Erarbeitungsphase wurde eine Vergleichsanalyse unterschiedlicher existierender Reifegradmodelle und Studien zu Best Practices der digitalen Transformation durchgeführt. Die daraus resultierenden Ergebnisse wurden, sofern sie aus anderen Sektoren stammten, einer Transferbewertung für die öffentliche Verwaltung unterzogen. Somit fokussiert sich das Modell zur digitalen Reifegradmessung in seinen Dimensionen auf Aspekte, Kompetenzen, Fähigkeiten und Fertigkeiten, denen bei der digitalen Transformation in der öffentlichen Verwaltung eine besondere Bedeutung zukommt. In einer zweiten Erarbeitungsphase wurde das Reifegradmodell in zwei Kommunen angewendet und feinjustiert, sowie durch 15 Experteninterviews mit Verantwortlichen aus Kommunen[1] evaluiert. Abschließend wurde in einer dritten Phase die Möglichkeit des Benchmarks anhand des Vergleichs der Analyse-Ergebnisse zweier Kommunen belegt.

Die Bestimmung des digitalen Reifegrades einer Verwaltung erfolgt durch eine Einschätzung aller Verwaltungsbereiche entlang der vier Modelldimensionen I) Kernwerte, Grundhaltung, II) Strategie, Prozesse, Strukturen, III) Organisationskultur und IV) Personal mit insgesamt dreizehn Teilbereichen, die ihrerseits wieder in Unterfaktoren gegliedert sind. Damit werden in Anlehnung an Waterman et al. (1980) alle Kernkompetenzen, Fähigkeiten und Fertigkeiten einer Organisation, ebenso wie ihre Haltung und Grundeinstellung betrachtet und bezüglich der digitalen Transformation spezifiziert (siehe Abb. 1.1).

Somit hilft das entstandene Reifegradmodell Verwaltungen, 1) sich selbst einzuschätzen und die eigene Institution mit ihren Stärken und Schwächen besser zu verstehen, 2) ihren individuell möglichen Entwicklungspfad zu erkennen und 3) sich im Vergleich zu anderen Kommunen zu benchmarken.

1.1   Modelldimension: Kernwerte, Grundhaltung

Kernwerte und Grundhaltungen entscheiden darüber, wie stark man sich persönlich für eine bestimmte Sache einsetzt. Für Veränderungsprozesse sind vor allem das Commitment (im Sinne der Verbundenheit mit bzw. Hingabe für ein Thema oder Vorhaben) und das Durchhaltevermögen der Spitzenführungskräfte einer Organisation erfolgsentscheidend. Nur, wenn diese ausdauernd und geschlossen

---

[1]Die kommunalen Experten wurden zufällig ausgewählt. Sie wurden zu den Herausforderungen der digitalen Transformation in ihren Verwaltungen entlang der dreizehn im Folgenden beschriebenen Teilbereiche des digitalen Reifegradmodells befragt.

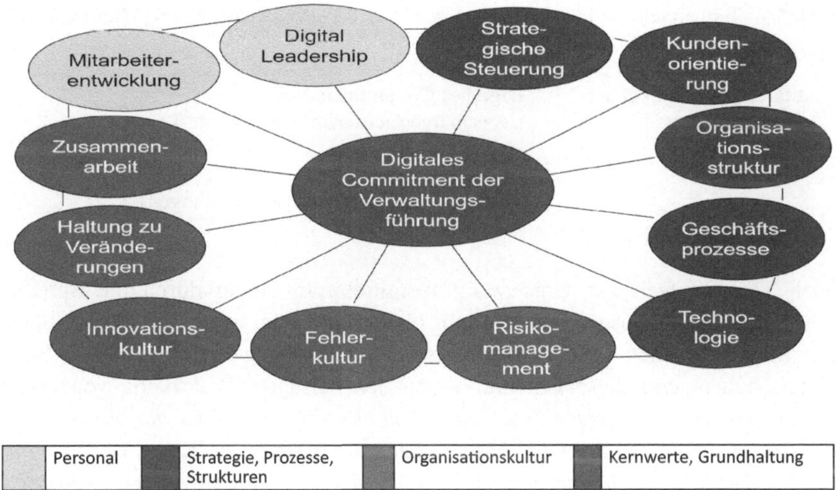

Abb. 1.1 Dimensionen und Teilbereiche der Bestimmung des digitalen Reifegrades einer Verwaltung

hinter einem Veränderungsvorhaben stehen, hat dieses Aussicht auf Gelingen. Das, was die Spitzenführungsführungskräfte entsprechend ihrer Vorbildfunktion vorleben, setzt den Maßstab für alle anderen Organisationsmitglieder. Daher ist das Digitale Commitment der Verwaltungsführung eine wesentliche Grundlage für die digitale Transformation einer Organisation. Es beschreibt die Verbundenheit zum Anliegen der Digitalisierung. Der Grad an persönlicher Verbundenheit entscheidet darüber, wie stark sich die einzelnen Personen der Verwaltungsführung diesbezüglich einsetzen (Bielby 1992, S. 283 ff.; Felfe und Six 2006, S. 40). Der Spezifik der Steuerung der öffentlichen Verwaltung Rechnung tragend, bezieht das vorliegende Reifegradmodell hierbei sowohl das digitale Commitment von Stadt- bzw. Gemeinderäten, als auch jenes von (Ober-) Bürgermeistern, Landräten, Dezernenten und Amtsleitungen mit ein. Steht die Verwaltungsführung geschlossen und ausdauernd hinter der Digitalisierungs-Vision und -Strategie und treibt deren Umsetzung voran, ist sie erfolgreich (Jahani et al. 2010; Gill und VanBoskirk 2016, S. 2). Denn letztlich ist sie verantwortlich für das entsprechende Umsetzungs-Controlling und auch für die Ressourcen-Allokation (Berghaus und Back 2016). Fitzgerald et al. (2013) belegen, dass nur wenige nachgeordnete Führungskräfte die Dringlichkeit der digitalen Transformation erkennen, wenn ihre Spitzenführungskräfte ihnen weder Vision

Tab. 1.1 Teilbereiche und Unterfaktoren der Modelldimension Kernwerte, Grundhaltung

Teilbereich	Unterfaktoren
Digitales Commitment der Verwaltungsführung	Digitales Commitment von: (Ober)bürgermeister/in bzw. Landrat/Landrätin, Gemeinderat, Dezernentenebene, Mittlerer Führungsebene (Amtsleitungen)

noch Vorstellungen zur Umsetzung vermitteln. In einem durch die Spitzenführungskräfte hinterlassenen Vakuum bleiben die Führungskräfte der mittleren und unteren Ebenen ohne Umsetzungsmotivation (Fitzgerald et al. 2013, S. 7). Unterstrichen wird diese Erkenntnis von den befragten Praktikern, von denen einer erwähnte: *„Von Vorteil war, dass dem Oberbürgermeister das Projekt sehr am Herzen lag. Er hat uns bis heute – auch bei politischen Widerständen – den Rücken gestärkt. Es bedarf unbedingt eines Treibers in den oberen Führungsebenen, denn die Kritiker sind da."*[2] Ein anderer berichtete: *„Bei uns ist das quasi ein Selbstläufer durch einige motivierte Personen auch im Gemeinderat."*[3] Neben der organisationalen Verantwortung haben die Spitzenführungskräfte der öffentlichen Verwaltung zusätzlich eine gesellschaftliche Verantwortung. Sie sollten sich alle der gesellschaftlichen Notwendigkeit der Digitalisierung bewusst sein (Fraunhofer Allianz Big Data 2016, S. 3). Das Bewusstsein über diese gesellschaftliche Verantwortung wird im vorliegenden Reifegradmodell ebenfalls abgeprüft.

Tab. 1.1 gibt einen zusammenfassenden Überblick über die in der Modelldimension Kernwerte, Grundhaltung enthaltenen Teilbereiche, sowie deren Unterfaktoren.

1.2 Modelldimension: Strategie, Strukturen, Prozesse

Die Strategische Steuerung stellt die Zielerreichung sicher (Buchwald et al. 2014, S. 6, 36; Labusch et al. 2014; Gill und VanBoskirk 2016, S. 2; Berghaus et al. 2017, S. 40). Die Strategie gibt vor, in welche Richtung sich eine Organisation

---

[2]Interviewpartner 8.

[3]Interviewpartner 4.

entwickeln soll und leitet sich mit ihren Maßnahmen aus der (Digitalisierungs-) Vision ab (Hunnius 2017, S. 24; Westerman et al. 2012, S. 2; Fitzgerald et al. 2013, S. 7 und 12; Westerman et al. 2014, S. 39 f. und 48 f.; Edelman und Dörner 2015, S. 20). Um nicht Gefahr zu laufen, rückwärtsorientiert zu denken, wird vorgeschlagen, von einer Zukunftsvision ausgehend eine kohärente digitale Strategie zu entwickeln (Kane et al. 2015, S. 6 f.). Existiert keine Vorstellung von dem, was man genau mit welcher Maßnahme erreichen will, bleiben Organisationen in Einzelaktionen stecken. Dies führt unter Umständen zu Insellösungen (Fostec & Company 2019) und Ressourcen werden möglicherweise nicht dort investiert, wo sie tatsächlich gebraucht werden und Wirkung entfalten. Die Strategische Steuerung hilft dabei, die Digitalisierung zu orchestrieren (Buchwald et al. 2014, S. 17 ff.). So können auch Digitalisierungs-Synergien realisiert werden. Beispielsweise lassen sich durch Digitalisierung kürzere Bearbeitungszeiten (u. a. durch Wegfall von Wegezeiten) oder eine erhöhte Transparenz über alle Arbeitsschritte hinweg realisieren. Dies gelingt aber nur dann, wenn nicht die Digitalisierungstempi einzelner Verwaltungsbereiche auseinanderfallen und zu teilweise analogem Arbeiten an den Schnittstellen zwingen. Eine solide strategische Steuerung verhindert, dass ein Flickenteppich an Einzelaktivitäten entsteht. Damit ist die Gefahr gebannt, dass Teile der Verwaltung digital hoch entwickelt sind, während andere noch überlegen, ob und wie sie sich digitalisieren können. In den Interviews mit den Praktikern machten sechs von fünfzehn keine Angaben zu ihrer kommunalen Digitalisierungsstrategie, zwei gaben an, dass keine Strategie existiert und aus zwei weiteren Kommunen wurde berichtet: *„Innerhalb der Fachbereiche laufen seit einiger Zeit einige Projekte die unter „Digitalisierung" laufen. Fachbereiche sind dezentral gesteuert, viele Projekte haben daher immer gar nicht alle mitbekommen."*[4] und *„Digitalisierung ist nur Teil einer großen Stadtstrategie und sollte als Mittel auftauchen. Wir sind noch im Gespräch, wie wir das machen und wie wir die Beteiligung aufsetzen."*[5] Dies zeigt die Bandbreite des Umgangs mit den Themen Strategie und strategischer Steuerung in der Praxis. Vor diesem Hintergrund prüft das vorliegende Reifegradmodell das Vorhandensein einer digitalen Vision und einer daraus abgeleiteten Digitalisierungsstrategie, sowie die Existenz eines funktionierenden Umsetzungscontrollings. Letzteres schließt nicht nur die Definition realistischer Zeitspannen, Ziel- und Messgrößen mit ein. Als strukturell-strategische Maßnahme zur Unterstützung

---

[4]Interviewpartner 11.

[5]Interviewpartner 13.

der digitalen Transformation wird darüber hinaus die Einrichtung der Position des Chief Digital Officers bzw. einer ganzen Abteilung empfohlen (Azhari et al. 2014, S. 44; Smaje et al. 2015, S. 60 ff.). Deren Aufgabe ist es, die Digitalisierungsbemühungen der Organisation zu steuern, zu koordinieren, ihnen Nachdruck zu verleihen und den Umsetzungserfolg zu kontrollieren. Alle Interviewpartner aus der Praxis gaben an, dass Digitalisierungs- oder e-Government-Stellen geschaffen wurden, teilweise als Stabstellen, teilweise als Teil der Abteilungen Personal & Organisation, Finanzen oder in der IT. Ein Interviewpartner berichtete: *„Die Stelle eines Digitalisierungsbeauftragten wurde geschaffen. … Im Moment „König ohne Reich"… keine MA, kann sich aber in den Fachbereichen bedienen. … Der Digitalisierungsbeauftragte ist Ansprechpartner für intern und extern. Intern bereits viele Anfragen aus den Fachbereichen, die Ideen für Digitalisierungsprojekte haben."*[6] Diese Aussage zeigt, dass bei der Schaffung einer zusätzlichen Stelle nicht zwangsläufig die Rahmenbedingungen wie Kompetenz und Verantwortung mit geklärt werden. Ein weiterer Interviewpartner bestätigte dieses Bild durch seine Aussage: *„Die Aufbauorganisation ist gleichgeblieben. Hinzu kam eine Stelle als Digitalisierungsbeauftragte/r, die direkt dem Bürgermeister des Referats „Allgemeine Verwaltung" zugeordnet ist."*[7] Weiterhin betrachtet das digitale Reifegradmodell im Teilbereich strategische Steuerung, welche Priorität digitalen Projekten im Vergleich zum Tagesgeschäft eingeräumt wird. Abgeleitet aus der Erkenntnis, dass eine Digitalisierungsstrategie höhere Aussichten auf eine erfolgreiche Umsetzung hat, wenn sie von möglichst vielen Organisationsmitgliedern verstanden und mitgetragen wird (Schaefer und Bohn 2017), werden zusätzlich der Partizipationsgrad bei der Strategieerarbeitung, sowie der Stellenwert der digitalen Erbringung von Verwaltungsleistungen in der kommunalen Gesamtstrategie bewertet. Damit der Übergang gelingen kann, braucht es die Expertise aller. Partizipation stärkt nicht nur die Digitalisierung, sondern auch die Arbeitgeberattraktivität einer Verwaltung. Die Nachwuchskräfte der Zukunft suchen Mitsprache, Verantwortungs- und Entscheidungsspielräume, herausfordernde Aufgaben und persönliche Perspektive (Schneider und Schreier 2018).

Da die Kundenorientierung – unabhängig davon, ob der Kunde ein Unternehmen, eine Bürgerin oder ein Bürger, die Gesellschaft oder auch eine andere Behörde ist – einen wesentlichen Einfluss auf die Leistungserbringung und die Serviceangebote einer Verwaltung hat, bildet diese den nächsten Teilbereich

---

[6]Interviewpartner 14.

[7]Interviewpartner 15.

des vorliegenden Reifegradmodells. Digitalisierung unterstützt die effektivere und cffizientere Befriedigung von Kundenbedürfnissen und eröffnet dafür neue Wege (Eggers und Bellman 2015, S. 23; Gill und VanBoskirk 2016, S. 2; Arreola et al. 2017, S. 86; Azhari et al. 2014, S. 39 und 45; Petry 2016, S. 16). Sie ist kein Selbstzweck. Digitale Organisationen denken vom Kunden her und richten interne Prozesse und Strukturen darauf aus (Hunnius 2017, S. 12 und 24; Beck und Schliesky 2017, S. 34; Eggers und Bellman 2015, S. 4; Edelman und Heller 2015, S. 71 f.). Verwaltungen, die bereits einen höheren Reifegrad erreicht haben, verbessern nicht nur ihre Angebote, sondern transformieren diese auch durch die Eröffnung neuer digitaler Angebote, die zuvor nicht denkbar waren (Kane et al. 2015, S. 6). Der spezifische Auftrag der öffentlichen Verwaltung umfasst auch, dass man alle Zugangskanäle bedient (Beck und Schliesky 2017, S. 34; Petry 2016, S. 16) und sie vom Multikanal-Ansatz zu einem Omni-Channel-Ansatz weiterentwickelt werden (Westerman et al. 2011, S. 19 ff.; Berghaus et al. 2017, S. 51). Wertversprechen zu Services bzw. Leistungen, die dem Kunden seitens der Verwaltung gegeben werden (Arreola et al. 2017, S. 57; Hogrebe und Kruse 2014, S. 100; Back 2017, S. 5; Berghaus et al. 2017, S. 24 f.), machen es diesem möglich, eventuell anfallende Gebühren oder Kosten der erhaltenen Qualität messbar gegenüber zu stellen und das Versprochene einzufordern. Die Personalisierung und Individualisierung von Leistungen und Services inklusive der Erhebung von Kundendaten ermöglichen eine effizientere und effektivere Leistungserbringung (Beck und Schliesky 2017, S. 34 f.; Eggers und Bellman 2015, S. 2 und 16; Fath-Allah et al. 2014, S. 85 ff.). Warum sollte eine Kommune künftig z. B. noch Neubürger-Broschüren drucken und ausgeben, von denen nur zwei Seiten für einen Zuziehenden relevant sind? Und warum sollte eine Zuziehende eine 20-seitige Broschüre lesen, um diese zwei für sie relevanten Seiten zu finden? Kundenorientierung ist eine Reifegraddimension, bei der in der öffentlichen Verwaltung trotz aller bisherigen Bemühungen noch ganz offensichtlich Nachholbedarf besteht (Berghaus et al. 2017, S. 23). Auf die Frage, ob geplant ist, die Bürger bei der Digitalisierung der Verwaltungsleistungen mit einzubeziehen, gaben acht Interviewpartner keine Informationen. Von den sieben weiteren Kommunen berichtete ein Mitarbeiter *„Wir haben es mit internen und externen Experten besetzt, Expertenworkshops zu den jeweiligen Strategiefeldern durchgeführt."*[8]. Ein anderer verwies auf das existierende Beschwerdemanagement, über das Kunden ihr Feedback adressieren können. Die größten

---

[8]Interviewpartner 12.

Schwierigkeiten sehen die Interviewpartner in der Bereitstellung von digitalen Angeboten aufgrund der Ängste der Mitarbeiter, der zur Verfügung stehenden Kapazitäten und der Abhängigkeit von Dienstleistern. So meinte ein Experte: *„Wir sind als kleine Kommune natürlich immer auf Rechenzentren oder Dienstleister angewiesen... Deshalb sind uns oft die Hände gebunden und wir sind auch nur so innovativ, wie es unsere Dienstleister sind".*[9] Gut gelebte Kundenorientierung macht allerdings nicht nur das Leben für die Kunden, sondern auch für die Mitarbeiterinnen und Mitarbeiter der Verwaltung leichter. Auf die Frage, ob auch die Verwaltung von ihren digitalen Angeboten profitiert, wurde dies bestätigt durch die Antwort eines Experten: *„Ja, auf jeden Fall, wir stellen sukzessive alle Bereiche um...Vom elektronischen Rechnungseingang, elektronischer Urlaubsverwaltung, Chatbots, Homepage .... Man merkt schon deutlich, dass sich auch das Verwaltungshandeln ändert."*[10] Für das digitale Reifegradmodell kristallisierten sich auf der Basis der zuvor berichteten Befunde folgende Unterfaktoren als relevant heraus: der Zugang zu öffentlichen Leistungen, die kundenzentrierte Leistungserbringung u. a. durch Personalisierung und die Abgabe eines Wertversprechens, die Abrufbarkeit eines Bearbeitungsstandes durch den Kunden (Trackingoption), die medienbruchfreie Kommunikation mit dem Kunden einschließlich der digitalen Weiterverarbeitung der Kundenanliegen, die Budgetierung für die digitale Kommunikation entlang des Kundenbedarfs, die Erhebung von Kundendaten zur Leistungsverbesserung, der Umgang mit Kundenrückmeldungen, sowie die Mitgestaltung und Teilhabe bei der Leistungsentwicklung und bei der Planung von kommunalen Projekten.

In modernen, digitalen Organisationen dominiert der Geschäftsprozess die Struktur. Geschäftsprozesse werden bereichsübergreifend betrachtet. Ressourcen und Zuständigkeiten werden entlang der Prozesskette definiert. Das minimiert Schnittstellen und die Organisation erreicht eine höhere Wertschöpfung. Zuständigkeitsdebatten und Silodenken weichen der Frage: „Was braucht der Kunde und wie können wir das schnell und qualitativ hochwertig bieten?" Einzelaspekte einer digitalisierungsförderlichen Organisationsstruktur sind die Art der Planung und Umsetzung digitaler Projekte, die Regelung der Zuständigkeiten und Aufgaben, aber auch die Struktur der bereichsübergreifenden Kommunikation und Information. Rollen und Verantwortlichkeiten sind neu zu definieren und zu verankern (Gill und VanBoskirk 2016, S. 2; Smaje et al. 2015, S. 60 ff.; Petry

---

[9]Interviewpartner 4.

[10]Interviewpartner 4.

2016, S. 16; Berghaus et al. 2017, S. 40). Die digitale Transformation bedarf der Neuausrichtung der Organisationsstrukturen, um höhere Agilität und Flexibilität zu erreichen (Kane et al. 2015, S. 8; Bernstein et al. 2016). Diese spiegelt sich dann in (digitalen) Projekten, im Umgang mit Stakeholdern und auch in verwaltungsebenen-übergreifender Zusammenarbeit bei gemeinsamen Aufgaben. Höhere Agilität wird durch die hohe Dynamik der digitalen Transformation notwendig (Sambamurthy et al. 2003; Ganguly et al. 2009; Chakravarty et al. 2013). Flexibilität wird notwendig, um Engpässe zu überwinden u. a. durch erschlossene kommunale wie auch Spezialisten-Netzwerke (Berghaus und Back 2016, S. 107; Grover und Kohli 2012; Frankenberger et al. 2013).

Dem Teilbereich Geschäftsprozesse kommt eine besondere Bedeutung zu, da er die Innensicht der Kundenorientierung widerspiegelt. In den Geschäftsprozessen liegt die Leistungsfähigkeit einer Organisation. Hier werden die Produkte und Services erzeugt, denen sie ihre Daseinsberechtigung verdankt. Je besser eine Organisation ihre Geschäftsprozesse an den Kunden ausrichtet und steuert, desto zukunftsfähiger ist sie. Prozesse zu haben, die nicht mit Kennzahlen zur Leistungsmessung hinterlegt sind, ist wie ein Blindflug ohne Ziel. Wesentliche Bewertungskriterien des digitalen Reifegradmodells sind hier die medienbruchfreie prozessuale Integration aller behördeninternen, sowie behördenübergreifenden Beteiligten in der Zusammenarbeit (Hunnius 2017, S. 28; Eggers und Bellman 2015, S. 2 und 25; Kane et al. 2015, S. 9–10; Berghaus et al. 2017, S. 29), die bereichsübergreifende Geschäftsprozessdokumentation, -evaluation und –optimierung, aber auch das Vorliegen von Prozesskennzahlen zur Messung von Zielerreichung und Qualität, Nutzen und Ertrag. Mit Blick auf die Entlastung der Mitarbeitenden von Routineprozessen und –arbeit ist Automation ein weiterer wesentlicher Aspekt des digitalen Reifegrades einer Organisation (Azhari et al. 2014, S. 11 und 39). Auf die Frage nach medienbruchfreier Zusammenarbeit antworteten alle kommunalen Interviewpartner, dass dies momentan nicht möglich sei. Auf die Frage nach der Prozessoptimierung vor oder bei der Digitalisierung reichte die Bandbreite der Antworten von keinen Angaben zum Thema bis hin zu dem Hinweis *„Wir haben schon einen Prozess – zentraler Posteingang des Jobcenters – der schon öfter auf dem Papier optimiert wurde. Die digitale Umsetzung hat noch nicht stattgefunden. Es kann gut sein, dass der Prozess dann nochmals umgeändert werden muss, wenn dieser dann digitalisiert wird.* “[11] Ein anderer Interviewpartner erklärte *„Bestehende*

---

[11]Interviewpartner 1.

Prozesse digitalisieren ist nicht Hauptarbeit ... Prozesse sollen neu gedacht werden ... Gedanklicher Sprung und Vermittlung von neuen Denkweisen ist Aufgabe des CDO"[12] Diese Befunde illustrieren den Handlungsbedarf in diesem Teilbereich des Reifegradmodells.

Der Teilbereich Informations-Technologie (IT) bildet den Abschluss der organisatorischen Modelldimension. Die IT ist Ausgangspunkt, Ermöglicher und Treiber der digitalen Transformation und aller damit zusammenhängenden Innovationen. Daher sollte die IT nicht nur als Kostenfaktor betrachtet werden, sondern vor allem als strategisches Investment (Gadatsch und Mayer 2006, S. 35 ff.). Unterfaktoren dieses Teilbereichs im digitalen Reifegradmodell sind die Agilität und Variabilität in den IT-Projekten, aber auch die Variabilität der IT-Ausstattung, die IT-Sicherheit und der Datenschutz, sowie der Stand der Auseinandersetzung der Verwaltung mit Big Data und Open Data-Ansätzen. Denn die Informations-Technologie soll nicht nur die Geschäftsprozesse und die Art der Zusammenarbeit unterstützen. Sie soll darüber hinaus auch Möglichkeiten für die Analyse und Verarbeitung von Massendaten und damit Zugang zu völlig neuen Geschäftsmodellen bieten. In den Experteninterviews bildete sich die aktuelle Bandbreite des Entwicklungsstandes in der Verwaltung auch in Bezug auf die IT ab. Beispielsweise wurde bei der Frage nach Mitarbeiter-Schulungen zu IT-Sicherheit von „*Weniger, auch wenn die IT-Sicherheit nicht weniger groß-geschrieben wird.*"[13] über „*Schulungen finden statt, sowohl intern als auch extern*"[14] bis hin zu „*... Gleichzeitig wird im Intranet regelmäßig für IT-Sicherheit sensibilisiert...*"[15] geantwortet. Bei der Frage nach der Ausstattungsvariabilität reichten die Antworten von dem Hinweis, dass Mitarbeiter selbst ihre Geräte aussuchen und anfordern können, bis hin zur Entscheidung durch die jeweiligen Ämter und Abteilungen anhand von Produktkatalogen.

Tab. 1.2 gibt einen zusammenfassenden Überblick über die in der Modelldimension Strategie, Prozesse, Strukturen enthaltenen Teilbereiche, sowie deren Unterfaktoren.

---

[12]Interviewpartner 7.

[13]Interviewpartner 5.

[14]Interviewpartner 7.

[15]Interviewpartner 6.

Tab. 1.2   Teilbereiche und Unterfaktoren der Modelldimension Strategie, Prozesse, Strukturen

Teilbereich	Unterfaktoren
Strategische Steuerung	Existenz einer digitalen Vision, Existenz einer Digitalisierungsstrategie, Funktionalität des Umsetzungscontrollings, Priorität digitaler Projekte im Vergleich zum Tagesgeschäft, Partizipationsgrad bei der Erarbeitung der Digitalisierungsstrategie, Stellenwert der digitalen Erbringung von Verwaltungsleistungen in der kommunalen Gesamtstrategie
Kundenorientierung	Zugang zu öffentlichen Leistungen, Kundenzentrierte Leistungserbringung (u. a. durch Personalisierung und Abgabe eines Wertversprechens), Abrufbarkeit eines Bearbeitungsstandes (Trackingoption), Medienbruchfreiheit der Kommunikation mit dem Kunden einschließlich der digitalen Weiterverarbeitung der Kundenanliegen, Budgetierung für die digitale Kommunikation entlang des Kundenbedarfs, Erhebung von Kundendaten zur Leistungsverbesserung, Umgang mit Kundenrückmeldungen, Mitgestaltung und Teilhabe bei der Leistungsentwicklung und bei der Planung von kommunalen Projekten
Digitalisierungsförderliche Organisationsstruktur	Art der Planung und Umsetzung digitaler Projekte, Regelung von Zuständigkeiten und Aufgaben, Struktur der bereichsübergreifenden Kommunikation und Information
Geschäftsprozesse	Medienbruchfreiheit der prozessualen Integration aller behördeninternen, sowie behördenübergreifenden Beteiligten in der Zusammenarbeit, Bereichsübergreifende Geschäftsprozessdokumentation, -evaluation und -optimierung, Vorliegen von Prozesskennzahlen zur Messung von Zielerreichung und Qualität, Nutzen und Ertrag, Automatisierungsgrad
Informations-Technologie	Agilität und Variabilität in IT-Projekten, Variabilität der IT-Ausstattung, IT-Sicherheit, Datenschutz, Stand der Auseinandersetzung mit Big Data und Open Data

1.3   Modelldimension: Digitalisierungsförderliche Organisationskultur

Digitale Strategie und digitale Organisationskultur müssen zwingend zusammen gedacht werden. Organisationen werden von Menschen gemacht. Und diese bestimmen, ob Vorhaben gelingen oder nicht. Mangelnde Kommunikation an die und mit den Mitarbeitenden, Top-Down-Kommunikation, zu geringer Fokus der Führung auf Innovation, zentralisierte Entscheidungsprozesse, sowie Ängste und Widerstände der Mitarbeitenden sind Hürden, die die digitale Transformation erschweren (Schaefer und Bohn 2017). Für die Umsetzung der Digitalisierung ist daher die Etablierung einer digitalisierungsförderlichen Organisationskultur in der Verwaltung eine wichtige Voraussetzung (Berghaus und Back 2016, S. 100). Geprägt wird diese durch ein gutes Risikomanagement, eine positive Fehler-kultur (Kane et al. 2015, S. 9; Schuppan und Köhl 2016; Weick und Sutcliff 2003), die Haltung zu Veränderungen am Technologiemarkt, sowie eine positive Innovationskultur (Hill 2011). Diese schließt die Bereitstellung von Ressour-cen für digitale Innovation parallel zum Tagesgeschäft, sowie die Etablierung von Netzwerken mit externen Partnern, die in der Kommune Innovationstreiber sind, mit ein. Mit Blick auf das aktuelle Vorhandensein einer Innovationskultur wurde der interkommunale Austausch von den Interviewpartnern mit folgenden Aussagen belegt: *„Der Austausch mit Experten oder erfahrenen Kommunen ist noch sehr gering"*[16], *„Interkommunale Zusammenarbeit findet bei uns statt, um einzelne Prozesse zu verbessern und Synergieeffekte zu schaffen"*[17] oder *„Wir tauschen uns mit anderen Kommunen und dem Land BW zu Prozessthemen aus. Wir sind in einigen Netzwerken."*[18] Ein weiteres Element einer digitalisierungs-förderlichen Organisationskultur ist die Etablierung einer intensiven internen Zusammenarbeit und des bereichsübergreifenden, großzügigen Wissens-austauschs (Hill 2011). Hierbei geht es nicht nur um die praktische Unterstützung von bereichsübergreifender Zusammenarbeit mit Hilfe von Technologie (als Merkmal der digitalisierungsförderlichen Organisationsstruktur), sondern vor allem um die Haltung zur Zusammenarbeit als Kulturmerkmal. Moderne Orga-nisationen setzen auf Organisationsformen, die ausgerichtet sind an den Erforder-nissen der Arbeit und nicht an den Direktiven eines machtvollen Individuums

---

[16]Interviewpartner 2.

[17]Interviewpartner 4.

[18]Interviewpartner 15.

Tab. 1.3 Teilbereiche und Unterfaktoren der Modelldimension Digitalisierungsförderliche Organisationskultur

Teilbereich	Unterfaktoren
Risikomanagement und Organisationslernen	Keine weitere Untersetzung
Fehlerkultur	Keine weitere Untersetzung
Haltung zu Veränderungen am Technologiemarkt	Etablierung von Frühwarnsystemen zur Identifikation von neuen Technologien und Geschäftsmodellen, Durchführung von Trendanalysen und Marktbeobachtungen, Schnelle Reaktionsbereitschaft auf Veränderungen im Technologie- und Geschäftsumfeld
Innovationskultur	Bereitstellung von Ressourcen für digitale Innovation parallel zu Tagesgeschäft, Etablierung von Netzwerken mit externen Partnern, Internes Rollenverständnis im Zusammenhang mit dem Treiben von Innovationen
Haltung zu neuen Formen der Zusammenarbeit	Wissensmanagement, Mobiles Arbeiten, Haltung zu neuen Arbeitsformen (z. B. agiles Projektmanagement)

(Bernstein et al. 2016; Weick und Sutcliff 2003). Die Entscheidungsgewalt wandert zu den Mitarbeitenden mit dem größten fachlichen Wissen, unabhängig vom Rang. Selbstorganisation und Selbstführung in Strukturen mit verteilter Autorität und autonomes Arbeiten im Sinne von mobilem Arbeiten werden gestärkt (Kane et al. 2015, S. 10; Schaefer und Bohn 2017, S. 13 ff.; Bernardis et al. 2016). Die Zusammenarbeit basiert auf Vertrauen und Feedback, stärker als auf Kontrolle und hierarchischer Position (Bernardis et al. 2016; Hackl et al. 2017).

Tab. 1.3 gibt einen zusammenfassenden Überblick über die in der Modelldimension Digitalisierungsförderliche Organisationskultur enthaltenen Teilbereiche, sowie deren Unterfaktoren.

1.4 Modelldimension: Personal

Um eine Organisation zu digitalisieren, braucht man Menschen mit digitalen Kompetenzen und Denkweisen, die eine Vorstellungskraft für die Welt von Morgen mitbringen. Menschen, die Digitalität nicht erst bewusst lernen müssen, sondern die sie bereits internalisiert haben und sie ganz automatisch leben. Denn dies beeinflusst maßgeblich Innovation und Veränderungsbereitschaft, sowie die Akzeptanz von Veränderungen in Strukturen und Prozessen (Berghaus und Back 2016, S. 100). Dafür und darüber hinaus müssen ausreichend Personalentwicklungs- und Trainingsmaßnahmen zur Verfügung stehen, um die Beschäftigten auf dem Weg in die neue Welt zu unterstützen. Ebenso wichtig ist ein gutes Wissensmanagement und damit die Vernetzung und Zusammenarbeit der Mitarbeiter intern wie auch mit externen Spezialisten (Sambamurthy et al. 2003; Smith und McKeen 2011; Berghaus und Back 2016, S. 100). Es braucht Netzwerke und Austausch untereinander, sowie mit Externen, um Digitalisierung entwickeln zu können. Neues lernt sich am besten im Dialog, mit ausreichend Zeit für Übung und Experiment, sowie Vertrauen in die Motivation und die Fähigkeiten der Beschäftigten. Der Teilbereich Mitarbeiterentwicklung greift diese Bewertungsaspekte auf und bildet sie in den Unterfaktoren strategische Personalentwicklung, Lernbereitschaft und digitale Expertise der Mitarbeitenden ab. Auf die Frage nach der Existenz von Anreizsystemen für Mitarbeitende reichten die Ausführungen der kommunalen Experten von *„Nein, noch nicht."*[19] über *„Vorschlagswesen ist vorhanden."*[20] bis hin zu *„Nicht notwendig, da die Mitarbeiter intrinsische Motivation haben, sie möchten etwas bewegen. Man kann Mitarbeiter nicht zu modernem Management motivieren, wenn sie es nicht selber möchten."*[21] Die Frage nach spezifischen Schulungsangeboten und –möglichkeiten für Mitarbeitende zum Thema Digitalisierung zeigte eine ähnliche Struktur auf mit den Antworten: *„Im Sozialbereich gab es z.B. schon eine online Fortbildung mit der Softwarefirma (Videokonferenz mit der Softwarefirma). Mitarbeiter aus verschiedenen Teams haben sich in die neue Kindergartensoftware eingearbeitet"*[22] bis zu *„Nein. Es ist grundsätzlich auf dem Schirm, aber nicht geplant. Geschult wird, wenn einzelne Projekte umgesetzt werden, bspw. wenn sich neue Anforderungen an ein System ergeben. Aber es gibt keine Schulungsangebote, die sich mit dem Querschnittsthema „Digitalisierung" ergeben. Notwendig ist das grundsätzlich schon, um Hemmnisse abzubauen. Vielleicht auch, um Mythen und Märchen abzubauen und zu sensibilisieren, Menschen mitzunehmen. Aber Haushaltskonsolidierung und Schulungsbedarf passt bei einer Stadtverwaltung oftmals nicht zusammen. Das Fortbildungsbudget in Kommunen ist meistens zu klein, obwohl der Bedarf da wäre."*[23]

---

[19]Interviewpartner 12.

[20]Interviewpartner 14.

[21]Interviewpartner 7.

[22]Interviewpartner 4.

[23]Interviewpartner 8.

Die Frage, ob den Mitarbeitenden Zeit eingeräumt wird, um sich mit der Digitalisierung zu beschäftigen, brachte die Antworten *„Nicht direkt, Mitarbeiter müssen die Zeit bei ihrer täglichen Arbeitszeit einsparen, um sich mit dem Projekt auseinander zu setzen. Es gibt keine extra Zeit.*"[24], aber auch *„Einzelne Mitarbeiter haben den Freiraum dafür, andere nicht. Es hängt ebenfalls davon ab, welche Haltung die Führungskraft zur Digitalisierung hat.*"[25]

Gute Führung ist die Voraussetzung für jeden Veränderungsprozess in einer Organisation. Es wäre allerdings naiv, zu glauben, dass mit der Digitalisierung eine völlig neue, nie dagewesene Führungslandschaft entsteht. Führung hatte schon immer agile Anteile (Kissel 2016), denn auch in der Vergangenheit waren Führungskräfte gefordert, Menschen im Interesse der Erreichung der Organisationsziele zusammen zu bringen, sie zu motivieren und zu fördern, sowie die entsprechenden Ressourcen und Rahmenbedingungen zur Verfügung zu stellen bzw. zu schaffen, damit die Zielerreichung gelingen konnte. Und damals wie heute hatte und hat Führung die Aufgabe, den Veränderungen in der Umwelt mit strategisch zielführenden Antworten aus dem Inneren der Organisation zu begegnen. Sie muss sicherstellen, dass Probleme gelöst werden und übernommene Aufgaben fokussiert, verantwortlich und auch gegen Widerstände zu Ende führen (Kirchherr et al. 2018). Allerdings verschiebt sich der Fokus. Von der „Wertschöpfung der Norm", in der sich eine Führungskraft auf die Schaffung von Regeln konzentrieren konnte, deren Befolgung zu hoher Effizienz und damit zu wirtschaftlichem Erfolg führte, hin zur „Wertschöpfung der Ausnahme", dem improvisierten Umgang mit Überraschungen (Poppenborg 2019; Schuppan und Köhl 2015; Hill 2011). Dazu braucht es andere Sichtweisen, neue Instrumente – aber dennoch auch weiterhin Grundlagenwissen und Kenntnisse über Führung, organisationale Prozesse und Strukturen, sowie die Natur des Menschen, die auch schon zu früheren Zeiten Bestand hatten. Das digitale Reifegradmodell bildet die erforderlichen Kompetenzen im Teilbereich Digital Leadership ab. Erfasst werden die Unterfaktoren Strategische Kompetenz, Ziel- und ergebnisorientiertes Führen, Belastbarkeit, Entscheidungsfähigkeit, Kommunikationsfähigkeit, Integrationsfähigkeit, Delegationsfähigkeit, Mitarbeiterförderung und Selbstreflexionsfähigkeit. Deren Bedeutsamkeit wird nicht nur durch die wissenschaftliche Diskussion immer wieder unterstrichen (Schneider 2018), sondern zeigt sich auch in den Antworten der befragten Experten. *„Die Führungskraft muss den Mitarbeitern*

---

[24]Interviewpartner 1.

[25]Interviewpartner 6.

Tab. 1.4 Teilbereiche und Unterfaktoren der Modelldimension Personal

Teilbereich	Unterfaktoren
Mitarbeiterentwicklung	Strategische Personalentwicklung, Lernbereitschaft der Mitarbeitenden, Digitale Expertise der Mitarbeitenden
Digital Leadership	Strategische Kompetenz, Ziel- und ergebnisorientiertes Führen, Belastbarkeit, Entscheidungsfähigkeit, Kommunikationsfähigkeit, Integrationsfähigkeit, Delegationsfähigkeit, Mitarbeiterförderung, Selbstreflexionsfähigkeit

Sicherheit geben, Mitarbeitern den Freiraum geben, zu experimentieren und mit zu gestalten. Verbindlichkeit und Fehlerkultur muss hergestellt werden … ihr dürft Fehler machen"[26] aber auch „*Das stärkere Führen über Ziele wird wichtiger, denn die Mitarbeiter sind durch mobiles Arbeiten nicht mehr zwangsweise am Arbeitsplatz vor Ort.*" und „*Ein Wandel in der Haltung der Führungskräfte muss stattfinden: Es arbeiten nicht nur diejenigen, die tatsächlich anwesend sind. … Für die eigene Wichtigkeit bzw. die des eigenen Bereichs zählt nicht mehr die Anzahl an Mitarbeitern. Es muss mehr Führungskarrieren geben, nicht mehr nur Spezialistenkarrieren.*"[27] sind Erkenntnisse, zu denen die befragten Praktiker in diesem Zusammenhang kommen.

Tab. 1.4 gibt einen zusammenfassenden Überblick über die in der Modelldimension Personal enthaltenen Teilbereiche, sowie deren Unterfaktoren.

1.5   Die Messung der digitalen Reife

Das digitale Reifegradmodell wird mithilfe eines quantitativen, vollstandardisierten Fragebogens operationalisiert. Die Bewertung der einzelnen Teilbereiche und ihrer Unterfaktoren folgt konzeptionell dem Gedanken eines

---

[26]Interviewpartner 4.

[27]Interviewpartner 5.

Phasenmodells. Dieses bildet – basierend auf den zuvor dargestellten wissenschaftlichen Erkenntnissen und den Antworten der Experten aus den Kommunen – sechs mögliche Rang- bzw. Entwicklungsstufen der Digitalisierung ab:

> Stufe 1 erhält eine Organisation, die insgesamt noch klassisch agiert und die Digitalisierung auch für die Zukunft ablehnt.
>
> Stufe 2 kennzeichnet eine Organisation, die insgesamt noch klassisch agiert, aber an Digitalisierung interessiert ist und diese für die Zukunft als sinnvoll erachtet.
>
> Stufe 3 skizziert eine Organisation, die derzeit in der Fläche zwar noch klassisch agiert, aber in Einzelfällen bereits erste Versuche mit der Digitalisierung unternimmt.
>
> Stufe 4 haben Organisationen, die in Teilbereichen (bis zu 50 % der Gesamtorganisation) parallel digital und analog arbeiten.
>
> Stufe 5 erreicht eine Organisation, die bereits vollständig parallel digital und analog arbeitet.
>
> Stufe 6 als höchste Stufe kennzeichnet eine Organisation, die ganz selbstverständlich sowohl klassisch als auch digital agiert und sich konstant zukunftsorientiert weiterentwickelt.

In Abhängigkeit von Teilbereich und Unterfaktor werden die einzelnen Entwicklungsstufen entweder mithilfe einer sechsstufigen Likert-Skala (1-trifft ganz und gar nicht zu bis 6-trifft voll und ganz zu) oder auf der Basis von Szenarien erhoben, die diese inhaltlich skizzieren. Mit Szenarien wird überall dort gearbeitet, wo zuerst Bilder gegeben werden müssen, wie die Ausprägung sein kann oder könnte, ehe geurteilt werden kann. Auf der Basis der zuvor dargestellten Erkenntnisse werden die Teilbereiche Strategische Steuerung, Kundenorientierung, digitalisierungsförderliche Organisationsstruktur, Geschäftsprozesse, Risikomanagement, Fehlerkultur, Innovationskultur, Haltung zu Veränderungen am Technologiemarkt und Zusammenarbeit, sowie deren jeweilige Unterfaktoren mit Hilfe von Szenarien gemessen. Die Teilbereiche Digitales Commitment der Verwaltungsführung, Informations-Technologie, Mitarbeiterentwicklung und Digital Leadership werden mit Hilfe von Likert-Skalen erfasst.

Beispiele für strategische Steuerung aufgrund von Reifegraddiagnostik

Die folgenden Fallbeispiele basieren auf Erkenntnissen aus Kooperationsforschungsprojekten der Autorinnen und ihrer Studierenden mit Kommunalverwaltungen. Aus Rücksicht auf die Kooperationspartner und wie in Forschungsprojekten üblich, werden die vorgestellten Organisationen anonymisiert.

2.1 Fallbeispiel 1: Evaluation einer kommunalen Standortbestimmung

Im Zusammenhang mit der Einrichtung einer Stabsstelle Digitalisierung entschied sich Landratsamt A, den Status quo im Hinblick auf die Digitalisierung zu erheben, um daraus Maßnahmen für die digitale Transformation abzuleiten. Mithilfe einer schriftlichen Befragung wurde die Sicht von 35 Führungskräften aus unterschiedlichen Bereichen, darunter auch die des Landrates, des Ersten Landesbeamten und der Dezernenten eingeholt. Eine im Zusammenhang mit der Einrichtung der Stabsstelle Digitalisierung gegründete interne Arbeitsgruppe Digitalisierung legte die Inhalte des Fragebogens fest und definierte die Stichprobe. Man entschied sich bewusst gegen eine Vollerhebung bei allen Mitarbeitenden, weil dies als zu aufwendig angesehen wurde (Gabriel 2019, S. 64).

„Wenn man in die falsche Richtung läuft, hat es keinen Zweck, das Tempo zu erhöhen." Dieses Zitat von Birgit Breuel beschreibt sehr anschaulich die Notwendigkeit der korrekten Bestimmung von Ausgangsbasis und Ziel als notwendige Koordinaten für die Definition eines Kurses. Oder, mit anderen Worten, in Abhängigkeit vom Fokus der Anamnese unterscheidet sich die Diagnose und in Abhängigkeit vom Therapieziel darauf aufbauend dann auch die Therapie. Wenn die Anamnese unvollständig ist oder an den falschen Stellen sucht, dann

© Springer Fachmedien Wiesbaden GmbH, ein Teil von Springer Nature 2019
B. Schenk und C. Schneider, *Mit dem digitalen Reifegradmodell
zur digitalen Transformation der Verwaltung,* essentials,
https://doi.org/10.1007/978-3-658-27754-3_2

werden mögliche Handlungsnotwendigkeiten vielleicht gar nicht erkannt, Fehldiagnosen gestellt oder es wird am Symptom gearbeitet, nicht aber an der Ursache. Ebenso wie in der Medizin verhält es sich mit Organisationen. Der Fokus der Organisationsdiagnose, sowie die daraus abgeleiteten strategischen Ziele legen die Grundlage für die anschließenden Maßnahmen zur Organisationsentwicklung. Vor dem Hintergrund dieser Überlegungen wurde mithilfe des digitalen Reifegradmodells überprüft, ob die Befragung des Landratsamtes A alle für die Bestimmung einer soliden Ausgangsbasis relevanten Facetten enthielt.

Tab. 2.1 zeigt die Ergebnisse des Vergleichs zwischen digitalem Reifegradmodell und der Erhebung des Landratsamts A (Gabriel 2019, S. 65 ff.).

Die Ergebnisse des Landratsamtes A sind aus Sicht der Autorinnen sehr prototypisch für die Art und Weise, wie die Ausgangsbasis für die digitale Transformation derzeit in vielen Kommunalverwaltungen bestimmt wird. Man begrenzt sich überwiegend auf die Faktoren, die augenscheinlich im Vordergrund stehen, nämlich Informationstechnologie, Geschäftsprozesse und Kundenorientierung. Und diese werden oft nur unvollständig in den Blick genommen, orientiert am Alltagswissen, das in den Kommunen vorhanden ist. Dieses beschränkt sich nach unserer Wahrnehmung überwiegend auf die bestehende und die vergangene Verwaltungsrealität, da Lernreisen in andere Kontexte oder Lebenswelten, ebenso wie berufliche Sozialisationen, die zwischen Verwaltung und Wirtschaft oszillieren, auch heute noch eher die Ausnahme sind. Vor dem Hintergrund dieser oftmals ungestörten und unhinterfragten Binnensicht kommt man allerdings bestenfalls zu einer Bestandsaufnahme, einer Inventur all dessen, was bereits in der alten Welt bekannt und vorhanden oder eben nicht vorhanden ist. Sehr gut kann das am Beispiel des Landratsamtes A illustriert werden, das sich mit der Hard- und Software fürs Diktieren beschäftigte. Das Diktat ist ein sehr traditionelles Beispiel aus der aktuellen Verwaltungsrealität. Dort, wo automatisiert oder mit der Unterstützung von Algorithmen bzw. Self-Services gearbeitet wird, braucht man möglicherweise gar kein Diktat mehr. Um fest zu stellen, wie weit der Weg wirklich ist, muss man die Zukunft kennen und diese rückwärts auf die Gegenwart projizieren. Nur so lässt sich der tatsächliche Abstand und die Weite des Weges bestimmen. So fehlen in der Dimension Kundenorientierung bei der Erhebung des Landratsamtes A zum Beispiel all jene Aspekte, die helfen würden, die Zukunft zu beschreiben. Ähnliches kann auch für die Teilbereiche Informationstechnologie und Geschäftsprozesse bzw. alle weiteren Teilbereiche angemerkt werden, die maximal ansatzweise erfasst wurden.

Weiterhin prototypisch ist die Erhebung des Landratsamtes A unserer Erfahrung nach dahin gehend, dass den meisten Verwaltungen häufig nur wenig bewusst ist,

Tab. 2.1 Vergleich zwischen dem digitalen Reifegradmodell und den Erhebungs-dimensionen in Landratsamt A

Teilbereiche des digitalen Reifegradmodells	Inhalte der Befragung des Landratsamts A
Digitales Commitment der Verwaltungsführung	Wurde vom Landratsamt nicht betrachtet
Strategische Steuerung	Wurde vom Landratsamt nicht betrachtet
Kundenorientierung	Erfassung von Kundengruppen, zu denen die jeweiligen Ämter Kontakt haben, Erfassung ob und wie häufig diese Kundengruppen den Wunsch nach digitalen Services geäußert haben, Items zu Bürokratieabbau, bürgerorientierter Service-Verwaltung, sowie zu Information und Planungssicherheit von Antragstellern
Digitalisierungsförderliche Organisationsstruktur	Wurde vom Landratsamt nicht betrachtet
Geschäftsprozesse	Items zur Geschäftsprozessdokumentation, Erfassung, ob es bereits vollständig digital ablaufende Prozesse gibt, Erfassung von Verwaltungsverfahren, die bereits ganz oder teilweise automatisiert ablaufen, Erstellung eines vollständigen Dienstleistungskataloges und Erfassung des aktuellen Digitalisierungsgrades der jeweiligen Dienstleistungen
Informationstechnologie	Zufriedenheit der einzelnen Ämter mit der IT-Ausstattung, Einschätzung der Eignung der IT-Ausstattung, um die Herausforderungen der Digitalisierung zu meistern, Einsatz von moderner Hard- und Software, allerdings nur am Beispiel des Diktierens, Einsatz von Cloud-Anwendungen, Erhebung der Systeme, mit denen die einzelnen Fachämter arbeiten und was sie darin erledigen, Erfassung vorhandener Schnittstellen zwischen dem Dokumentenmanagementsystem (DMS) und den Fachanwendungen, Erfassung der Notwendigkeit der Nutzungsintensivierung des DMS durch die Mitarbeiter, Zentrale Verscannung aller Poststücke, Ausfall- und Wiederherstellungszeiten
Risikomanagement	Wurde vom Landratsamt nicht betrachtet
Fehlerkultur	Wurde vom Landratsamt nicht betrachtet

(Fortsetzung)

Tab. 2.1 (Fortsetzung)

Teilbereiche des digitalen Reifegradmodells	Inhalte der Befragung des Landratsamts A
Innovationskultur	Erfassung der Einstellung der Mitarbeiter (aus Sicht der befragten Führungskräfte) und der Führungskräfte zur Digitalisierung, Interesse der Ämter, als Pilotamt den digitalen Wandel mit zu gestalten
Haltung zu Veränderungen am Technologiemarkt	Wurde vom Landratsamt nicht betrachtet
Zusammenarbeit	Interesse der Mitarbeiter an Homeoffice-Arbeitsplätzen (aus Sicht der Führungskräfte), Erfassung der Möglichkeiten, die eigene Arbeitsform oder Arbeitszeit flexibel zu gestalten
Mitarbeiterentwicklung	Benennung von Mitarbeitenden (aus Sicht der Führungskräfte), die als Digitalisierungslotsen geschult werden könnten
Digital Leadership	Wurde vom Landratsamt nicht betrachtet

dass die gesamte Organisation gestaltet werden muss, damit die digitale Transformation gelingen kann. Es reicht beispielsweise nicht, einen Dienstleistungskatalog zu erstellen und sich vorzunehmen, nach und nach interne und externe Dienstleistungen auf- und auszubauen (Gabriel 2019, S. 71), wenn man nicht gleichzeitig an einer digitalisierungsförderlichen Organisationsstruktur bzw. -kultur arbeitet, die Innovationen zulässt und einfordert. Und ohne eine strategische Steuerung hat man zwar viele und wahrscheinlich auch umfangreiche Einzelmaßnahmen, die die ohnehin schon knappen Ressourcen binden. Aber wo ist das Gesamtbild? In welche Zukunft führt der Weg? Zu welchem Zweck unternimmt man welche Anstrengung? Mit welchen Ressourcen, in welchen Etappen? Und was lässt man aus guten Gründen weg? Solche und ähnliche Fragen der strategischen Steuerung stellen sich viele Verwaltungen nach unseren Erkenntnissen viel zu selten. Aktuell entsteht eher der Eindruck, dass die meisten nach dem Prinzip „Viel hilft viel" unterwegs sind. Dabei ist weniger mehr, wenn das richtig gemacht und durchgehalten wird.

Erstaunlich und doch auch immer wieder typisch sind aus unserer Perspektive noch zwei weitere Aspekte, die auch bei der Erhebung des Landratsamts A zu beobachten waren. Zum einen redet die Verwaltungsführung aller Ebenen mittlerweile über Digitalisierung, hat aber oft nicht im Fokus, dass sie selbst Digitalisierung leben und auch in gewisser Weise in eigener Person mit digitalen

Kompetenzen ausgestattet werden muss, damit das Vorhaben gelingen kann. Die Organisation soll sich verändern, die Mitarbeitenden auch. Und die Führungskräfte? Woher sollen Digitalisierungswissen und die entsprechenden Fähigkeiten kommen, wenn nicht in Mitarbeiter- und Führungskräfteentwicklung investiert wird? Zum anderen besteht in vielen Verwaltungen, so auch in Landratsamt A, unserer Wahrnehmung zufolge häufig die Annahme, dass man schneller vorankommt, wenn man nur die Führungskräfte befragt. Das Gegenteil ist der Fall. Veränderungsprozesse brauchen Partizipation (Coyle-Shapiro 1999) und insbesondere die digitale Transformation benötigt darüber hinaus die Expertise aller. Rechnet man die Umwegzeit, die benötigt wird, um Veränderungen gegen den Widerstand von Mitarbeitenden zu implementieren, die an deren Erarbeitung nicht beteiligt waren oder die deren Sinnhaftigkeit nicht sehen, so ist man sehr gut beraten, mindestens stichprobenartig Beteiligung zu organisieren.

2.2   Fallbeispiel 2: Ermittlung der Ausgangsbasis für die Entwicklung einer kommunalen Digitalisierungsstrategie

Stadtverwaltung B setzte das digitale Reifegradmodell ein, um mithilfe dieser ganzheitlichen Organisationsanalyse die Ausgangsbasis für die Erarbeitung und Umsetzung ihrer Digitalisierungsstrategie zu bestimmen. Dazu wurden ca. 10 % der Gesamtbelegschaft, insgesamt 118 Personen aus vier Dezernaten in einer Online-Erhebung befragt. Die Stichprobe umfasste 25 Spitzenführungskräfte (Dezernenten und Amtsleitungen), 34 Abteilungsleitungen und 59 Mitarbeitende. Die Befragung erfolgte anonym. Die Teilnahme war freiwillig. Abb. 2.1 zeigt die Ausprägung der untersuchten Teilbereiche des digitalen Reifegradmodells im Überblick. Die Farbgebung orientiert sich an den in Abb. 1.1 vorgestellten Modelldimensionen.

Auf den ersten Blick fällt auf, dass nur sehr wenige der in Abb. 2.1 dargestellten Teilbereiche überhaupt einen Reifegrad größer als drei erreichten. Bei vier von fünf Unterfaktoren der digitalisierungsförderlichen Organisationskultur, aber auch in Bezug auf die digitalisierungsförderliche Organisationsstruktur, die Geschäftsprozesse und die Kundenorientierung wurde von den Befragten deutlicher Nachholbedarf artikuliert. Die strategische Steuerung wurde ebenfalls als tendenziell nicht vorhanden, aber grundsätzlich sinnvoll bewertet. Dies war insofern schlüssig, als dass die Stadtverwaltung B zum Zeitpunkt der Durchführung der Befragung keine Digitalisierungsstrategie hatte, sondern diese erst

Abb. 2.1 Der digitale Reifegrad der Stadtverwaltung B – Überblick über die Teilbereiche

erarbeiten wollte. Die Ausprägung des digitalen Commitments der Verwaltungsführung erschien im Unterschied zu den Bewertungen der anderen Teilbereiche mit einem mittleren Reifegrad von 4,14 vergleichsweise hoch. Verdeutlicht man sich allerdings nochmals, was dieser Wert bedeutet – nämlich „trifft eher zu" – und wie notwendig es ist, dass die Verwaltungsführung geschlossen hinter den Digitalisierungsvorhaben steht, so wäre an dieser Stelle mindestens ein Mittelwert größer fünf das Ziel. Nur so kann der digitalen Transformation der erforderliche Nachdruck verliehen werden. Die Führungskräfte der Stadtverwaltung B wurden insgesamt für eher kompetent gehalten, den digitalen Wandel zu steuern (Mittlerer Reifegrad Digital Leadership = 4,59). Diese Einschätzung muss allerdings aus drei Gründen kritisch hinterfragt werden. Erstens enthält der Teilbereich Digital Leadership Unterfaktoren, die z. B. die Strategische Kompetenz, das Ziel- und ergebnisorientierte Führen oder auch die Mitarbeiterförderung messen. Wenn die Führungskräfte der Stadtverwaltung B darin so kompetent sind, wie die Beurteilung des Teilbereichs insgesamt nahelegt, so stellt sich schon die Frage, warum dann die mittleren Reifegrade in den Teilbereichen Strategische Steuerung, Innovationskultur, Geschäftsprozesse oder auch Mitarbeiterentwicklung so gering ausfallen. Möglicherweise liegt hier eine Überschätzung der Digital-Leadership-Kompetenzen durch die Beurteilenden vor. Oder aber die Führungskräfte der Stadtverwaltung B fokussierten sich bislang eher auf das Managen der herkömmlichen Verwaltungswelt und wurden vor diesem Hintergrund beurteilt. Die herkömmliche Verwaltungswelt beherrschen sie gut. Zukünftig werden sie allerdings in Kompetenzaspekten gefordert sein, die bislang in der klassischen Verwaltungssozialisation nicht im Fokus standen. Möglicherweise ist dies den Beurteilenden noch nicht in Gänze bewusst gewesen. Drittens wurde die Einschätzung des Teilbereichs Digital Leadership bei der Stadtverwaltung B als anonyme Vorgesetztenbewertung durchgeführt. Jeder Befragte wurde gebeten, seinen direkten Vorgesetzten zu bewerten. Es wurde zugesichert, dass die Vorgesetzten diese Bewertung nicht erhalten und dass auch niemand erfährt, wer wen bewertet hat. Beabsichtigt war die Durchschnittsbildung über alle Vorgesetztenbewertungen, um so einen Eindruck über den Professionalisierungsgrad der Führungskräfte insgesamt zu erhalten. Ein personenbezogenes Führungskräftefeedback kann zwar mit der digitalen Reifegradanalyse prinzipiell verbunden werden, war allerdings in der Stadtverwaltung B zu keinem Zeitpunkt beabsichtigt. Trotz umfangreicher Kommunikation und Aufklärung zu diesem Analyseteil war die Vorgesetztenbeurteilung in der Stadtverwaltung B mit sehr viel Angst und zahlreichen Nachfragen verbunden. Viele befürchteten, dass die Vorgesetzten die Ergebnisse doch erhalten und dass ihnen daraus Nachteile entstehen würden. Daher verweigerten auch etliche der Befragten die Beantwortung der dazu gestellten Fragen. Aus diesem Grund kann nicht ausgeschlossen werden, dass der hohe durchschnittliche Reifegrad im Teilbereich Digital Leadership eher sozial erwünschtes Antwortverhalten widerspiegelt, als die tatsächliche Führungsrealität in der Stadtverwaltung B. Die zuvor genannten drei und weitere kritische Anmerkungen angesichts der hohen Streuungen im Teilbereich Digital Leadership wurden der Stadtverwaltung B in der Präsentation der Analyseergebnisse zur Verfügung gestellt. Dies vor allem deshalb, weil die Professionalisierung der Führungskräfte für die digitale Transformation neben der Mitarbeiterentwicklung eine zentrale Erfolgsvoraussetzung ist. Es ist daher ratsam, auch vermeintlich hohen Reifegraden nicht zu schnell Glauben zu schenken, sondern sie in der organisationsinternen Diskussion an der erlebten Realität zu validieren.

Zusätzlich zur Ausprägung der mittleren Reifegrade der Teilbereiche können die einzelnen Unterfaktoren des Modells analysiert werden. Tab. 2.2 führt die Unterfaktoren auf, in denen die Stadtverwaltung B die größten Handlungsbedarfe hatte (mittlere Reifegrade kleiner drei).

Tab. 2.2 Handlungsbedarfe der Stadtverwaltung B in den Unterfaktoren des digitalen Reifegradmodells

Teilbereich	Unterfaktor/Aussage im Fragebogen	Mittelwert Reifegrad (Streuung)
Kundenorientierung	Digitale Abrufbarkeit eines Bearbeitungsstandes (Trackingoption)	2,06 (0,74)
	Abgabe eines Wertversprechens an die Kunden	2,2 (0,84)
	Planung der Ausgaben für digitale Kommunikation am Kundenbedarf	2,25 (0.8)
	Einbeziehung der Kunden in die Entwicklung neuer Geschäftsmodelle	2,42 (0,85)
	Erhebung von Kundendaten zur Leistungsverbesserung der städtischen Angebote	2,66 (1,14)
	Medienbruchfreiheit im Austausch Kunde und Stadt	2,67 (0,85)
	Umgang mit und Weiterbearbeitung von Kundenrückmeldungen	2,85 (0,9)
	Kundenkommunikation orientiert an der Nutzersituation	2,86 (1,14)
	Einbeziehung der Kunden in städtische Entscheidungsprozesse	2,87 (1,0)
Mitarbeiterentwicklung	Möglichkeit für Mitarbeitende, bereichsübergreifend ihre Digitalisierungserfahrungen auszutauschen	2,23 (1,17)
	Möglichkeit für Mitarbeitende, sich mit organisationsexternen Digitalisierungsexperten auszutauschen	2,31 (1,07)
	Interne Digitalisierungsexperten stehen als Key User zur Verfügung	2,67 (1,23)
	Mitarbeitende haben im Arbeitsalltag ausreichend Zeit, um sich mit Digitalisierung zu beschäftigen. Führungskräfte ermutigen und bestärken sie darin.	2,84 (1,16)
	Es wird darauf geachtet, dass sich jede/r regelmäßig zu Fragen der Digitalisierung weiterbildet. Dafür werden ausreichend Ressourcen zur Verfügung gestellt.	2,88 (1,16)

(Fortsetzung)

Tab. 2.2 (Fortsetzung)

Teilbereich	Unterfaktor/Aussage im Fragebogen	Mittelwert Reifegrad (Streuung)
Informationstechnologie	Mitarbeiter können sich ihre Ausstattung entsprechend ihrer Aufgabenerledigung nach eigenen Vorstellungen zusammenstellen	2,25 (1,27)
	Proaktive Beratung der Fachbereiche zu technologischen Innovationen durch die IT	2,73 (1,34)
	Schnelligkeit der Entwicklung digitaler Services und Produkte	2,78 (1,27)
	Schnelligkeit der Testung digitaler Services und Produkte	2,88 (1,3)
	Nutzung von Open Data	2,89 (1,3)
	Zeitnahe Beratung der Fachbereiche zu technologischen Innovationen durch die IT	2,9 (1,29)
	Schnelligkeit der Implementierung digitaler Services und Produkte	2,9 (1,24)
	Nutzung von Big Data	2,94 (1,31)
	Auseinandersetzung mit Open Data	2,97 (1,32)
Digitalisierungsförderliche Organisationskultur	Etablierung von Frühwarnsystemen zu Veränderungen am Technologiemarkt	2,26 (0,80)
	Haltung zu neuen Arbeitsformen	2,38 (0,75)
	Nutzung digitaler Plattformen für Wissensmanagement	2,38 (0,75)
	Bereitstellung von Ressourcen für digitale Innovation parallel zum Tagesgeschäft	2,47 (0,78)
	Etablierung von Netzwerken mit externen Partnern	2,5 (0,89)
	Durchführung von Trendanalysen und Marktbeobachtungen	2,71 (1,12)
	Innovation als Aufgabe aller Mitarbeitenden in der Stadt	2,73 (0,83)
	Schnelligkeit der Reaktion auf Veränderungen im Technologie- und Geschäftsumfeld	2,79 (0,99)
	Verbreitung mobilen Arbeitens	2,8 (0,7)
	Risikomanagement und Organisationslernen	2,93 (1,08)

(Fortsetzung)

Tab. 2.2 (Fortsetzung)

Teilbereich	Unterfaktor/Aussage im Fragebogen	Mittelwert Reifegrad (Streuung)
Digitalisierungs-förderliche Organisationsstruktur	Organisation der bereichsübergreifenden Zusammenarbeit	2,42 (0,83)
	Struktur der bereichsübergreifenden Kommunikation und Information	2,53 (0,74)
	Ausrichtung der Organisationsstruktur an Geschäftsprozessen	2,92 (1,15)
Strategische Steuerung	Etablierung von Messgrößen für die Zielerreichung des digitalen Wandels	2,42 (0,84)
	Vorhandensein einer Digitalisierungsstrategie	2,5 (0,86)
	Vorhandensein einer digitalen Vision	2,5 (0,89)
	Umsetzungscontrolling für beschlossene Digitalisierungsmaßnahmen	2,66 (1,25)
	Priorität digitaler Projekte im Vergleich zum Tagesgeschäft	2,87 (1,03)
	Stellenwert der digitalen Erbringung von Verwaltungsleistungen in der kommunalen Gesamtstrategie	2,94 (1,13)
	Partizipationsgrad bei der Strategieerarbeitung	2,95 (1,08)
Geschäftsprozesse	Bereichsübergreifende Prozessevaluation und -optimierung	2,54 (0,99)
	Gesamtorganisatorische Erfassung und Dokumentation von Geschäftsprozessen	2,64 (1,2)
	Medienbruchfreiheit in der bereichsübergreifenden Zusammenarbeit	2,72 (0,94)
	Überprüfung der Geschäftsprozesse auf Verbesserungspotenzial durch Digitalisierung	2,73 (0,99)
	Existenz von Prozesskennzahlen zur Messung von Zielerreichung und Qualität	2,8 (1,23)
	Automatisierung von Routineprozessen	2,95 (1,08)

Die Analyse der Unterfaktoren zeichnete das Bild einer noch sehr klassischen Verwaltung, die vor allem geprägt war von einer starken Binnenorientierung. Der Kunde war wenig im Blick, ebenso wie die Veränderungen in der Arbeitswelt, sowie im Technologie- und Geschäftsumfeld. Die zwei Unterfaktoren mit dem geringsten mittleren Reifegrad, nämlich die digitale Abrufbarkeit eines Bearbeitungsstandes (Trackingoption) und die Abgabe eines Wertversprechens an die Kunden, wiesen Ablehnungsquoten von 17,2 % bzw. 15,5 % auf (entspricht Reifegrad 1). Immerhin noch 10,3 % der Befragten lehnten es ab, zukünftig Ausgaben für die digitale Kommunikation entsprechend der Mediennutzung der Kunden zu planen. 12,9 % gaben an, auch in Zukunft Kunden nicht in die Entwicklung neuer Geschäftsmodelle einbeziehen zu wollen. Das bedeutet, dass doch ein nicht unerheblicher Anteil der Befragten auch weiterhin lieber im „closed job" arbeiten würde, als sich gegenüber den Kunden transparent und messbar zu machen oder sich an deren Bedürfnissen zu orientieren. Bei der Gestaltung der digitalen Transformation muss die Stadtverwaltung B hier mit Widerstandspotenzialen rechnen. Dies, obwohl jeder der Befragten gleichzeitig auch Bürger und Kunde ist und somit die gleichen Serviceerwartungen haben dürfte, denen gegenüber er sich als Verwaltungsmitarbeiter verschließt. Hier ist Haltungsarbeit gefragt. Geschäftsprozesse waren zum Zeitpunkt der Untersuchungsdurchführung die Angelegenheit der einzelnen Ämter, bereichsübergreifende Dokumentation und Optimierung steckten noch in den Anfängen. Die Organisationsstruktur war hauptsächlich gekennzeichnet durch Ämterzuständigkeiten, die entsprechende Schnittstellenverluste in den Geschäftsprozessen produzierten. Informationen wurden ebenfalls überwiegend ämterweise behandelt, dadurch kam es in der Kommunikation häufig zu Redundanzen, aber auch zu Verlusten. Darüber hinaus entstand aufgrund der Befragung der Eindruck, dass die Digitalisierung bis zum Zeitpunkt der Untersuchung nebenherlaufen musste. Weder wurden ausreichend Ressourcen zur Umsetzung digitaler Projekte parallel zum Tagesgeschäft zur Verfügung gestellt, noch wurden die Mitarbeitenden beim Aufbau digitaler Expertise unterstützt. Die IT-Fachabteilung trat als Innovationstreiber wenig in Erscheinung. Digitalisierung hatte in der strategischen Steuerung zum Zeitpunkt der Erhebung nur eine untergeordnete Bedeutung, sowohl hinsichtlich der Ausrichtung des Organisationsinneren als auch mit Blick auf den Stellenwert der digitalen Erbringung von Verwaltungsleistungen in der kommunalen Gesamtstrategie. Die Umsetzung beschlossener Digitalisierungsmaßnahmen blieb in der Verantwortung der einzelnen Bereiche und wurde nicht zentral kontrolliert. Aufgrund eines bis dato geringen Partizipationsgrades bei der Strategieerarbeitung und in Ermangelung einer ganzheitlichen Digitalisierungs-Vision bzw. -Strategie war die digitale Transformation in der Stadtverwaltung B zum Zeitpunkt der Untersuchung denen überlassen, die Willens und in der Lage waren, sich damit zu beschäftigen. Es war daher wichtig, dass die Stadtverwaltung anhand der vorliegenden Daten erkannte, dass Digitalisierung ein gesamtorganisatorischer

Kraftakt ist, der auch als solcher thematisiert, fokussiert und ausgestattet werden muss. Es wurde somit notwendig, die damalige Ressourcenallokation, aber auch den strukturellen und organisationskulturellen Fokus der Organisation kritisch zu hinterfragen.

Neben der absoluten Ausprägung der einzelnen Teilbereiche und ihrer Unterfaktoren wurden deren Minimal- und Maximalwerte, sowie die Streuungen betrachtet. Diese wiesen auf eine ausgeprägte Heterogenität in der Stadtverwaltung B hin. Entlang der erfassten demografischen Variablen konnten diesbezüglich sowohl Unterschiede nach Altersgruppen, Dauer der Betriebszugehörigkeit, Beschäftigungsverhältnis und Beschäftigungsumfang, als auch nach Hierarchieebene und Dezernatszugehörigkeit geprüft werden. In vielen Teilbereichen und deren Unterfaktoren spiegelte sich eine deutliche Unterschiedlichkeit der mittleren digitalen Reifegrade der Dezernate. Sowohl in Bezug auf Haltungen und Einstellungen, als auch hinsichtlich der praktischen Umsetzung von Digitalisierungsvorhaben. Abb. 2.2 zeigt die Teilbereiche, in denen sich die Dezernate der Stadtverwaltung B statistisch signifikant (Varianzanalyse, Irrtumswahrscheinlichkeit $p < 0{,}05$) unterschieden haben.

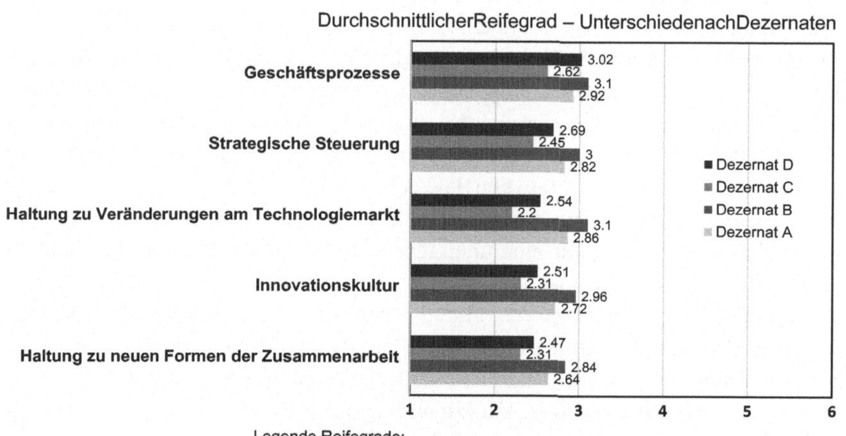

Abb. 2.2 Reifegradunterschiede zwischen den Dezernaten

Exemplarisch seien die in Abb. 2.2 dargestellten Unterschiede in den einzelnen Teilbereichen zusätzlich noch am Unterfaktor Bereichsübergreifende Geschäftsprozessdokumentation, -evaluation und -optimierung illustriert. Gefragt wurde hier unter anderem, ob die Verwaltung ihre Geschäftsprozesse regelmäßig auf Verbesserungspotenzial durch Digitalisierung überprüft. Dezernat A erhielt diesbezüglich einen Mittelwert von 2,65, Dezernat B von 3,27, Dezernat C von 2,40 und Dezernat D von 2,82. Dieser Unterschied ist ebenfalls statistisch signifikant (Varianzanalyse, Irrtumswahrscheinlichkeit $p < 0{,}05$). Während Dezernat B also offensichtlich schon mit Prototypen experimentierte, wurden Prozessveränderungen in Dezernat C zwar überwiegend für sinnvoll gehalten, aber noch nicht angegangen. Diese Befunde illustrieren sehr deutlich das in Kap. 1 skizzierte Auseinanderfallen einer Organisation während der digitalen Transformation. Es schien sehr viel internes Know-How bereits vorhanden zu sein, welches allerdings maximal bereichsweise und damit suboptimal genutzt wurde. Darüber hinaus stockten Geschäftsprozesse immer wieder an Bereichsgrenzen. Dies ist ein sehr typisches Thema aller bislang mit dem Reifegradmodell untersuchten Verwaltungen. Man optimiert bereichsweise, schafft Insellösungen. Unter anderem, weil dies leichter geht, man die Dinge in der eigenen Hand hat, sich nicht mit Kolleginnen und Kollegen auseinandersetzen muss. Dadurch entstehen Prototypen, mit deren Hilfe eine Verwaltung es bestenfalls auf den Reifegrad 3 schafft. Wirkliche digitale Reife lässt sich aber nur dann erzielen, wenn ämterübergreifend zusammengearbeitet und im Sinne des Kunden Prozesse von Ende zu Ende gedacht werden. Zurückkommend auf die Stadtverwaltung B forderten die dargestellten Befunde die Dezernenten besonders in ihrer Vorbildfunktion. Aber auch hinsichtlich einer gemeinsamen Willens- und Zielbildung. Die Entwicklung der Organisation bedurfte einer einheitlichen strategischen Ausrichtung und eines konzertierten Vorgehens.

Abschließend soll noch ein letzter Befund herausgegriffen werden, der insbesondere Auswirkungen hatte auf die Gestaltung der sich an die Analyse der Ausgangsbasis anschließenden Phase der Entwicklung der Digitalisierungsstrategie. Im Teilbereich Innovationskultur wird unter anderem danach gefragt, woher Innovationen bei einer Verwaltung kommen. Sind alle Mitarbeitenden Innovationstreiber oder bleiben diese eher außen vor und ist Innovation die Sache einiger weniger? Hier unterschieden sich die Antworten bei der Stadtverwaltung B signifikant nach Ebenen (Varianzanalyse, Irrtumswahrscheinlichkeit $p < 0{,}05$). Während die Spitzenführungskräfte (Dezernenten, Amtsleitungen) mit einem mittleren Reifegrad von 3,16 der Meinung waren, dass in Einzelfällen und in Abhängigkeit von der Führungskraft Mitarbeitende bereits dazu angehalten werden, digitale Ideen einzubringen und sich an der Erarbeitung neuer Geschäftsmodelle zu beteiligen, vergaben die Abteilungsleitungen hier nur den mittleren Reifegrad 2,85, die Mitarbeitenden selbst den mittleren Reifegrad 2,47. Abb. 2.3 zeigt, wie unterschiedlich die Beschäftigtengruppen die Beteiligung an der digitalen Transformation zum Zeitpunkt der Befragung erlebten.

Während, wie in Abb. 2.3 zu sehen, insgesamt 87,3 % der befragten Mitarbeitenden der Meinung waren, dass sie, wenn überhaupt, bestenfalls in Einzelfällen und in Abhängigkeit von der vorgesetzten Führungskraft in die digitale Transformation einbezogen werden, wurde die Beteiligung sowohl von den Abteilungsleitungen als auch den Dezernenten bzw. Amtsleitungen überschätzt. Dieser Verteilungsunterschied ist signifikant (Chi-Quadrat, Irrtumswahrscheinlichkeit $p < 0,05$). Ein ähnliches Partizipationsdefizit zeigte sich auch angesichts der bisherigen Erarbeitung der Digitalisierungsstrategie. Hier gaben insgesamt 65,3 % der befragten Mitarbeitenden an, entweder nicht oder nur in Einzelfällen in Abhängigkeit von der Führungskraft beteiligt zu werden, obwohl eine grundsätzliche Beteiligung aller sinnvoll wäre. Mitarbeiterbeteiligung ist ein wesentlicher Erfolgsfaktor der digitalen Transformation. Diese musste in der Stadtverwaltung B deutlich ausgebaut werden.

Ausgehend von den dargestellten Befunden gestaltete die Stadtverwaltung B die Erarbeitung ihrer Digitalisierungsstrategie maximal partizipativ. Zunächst wurden auf Beschluss der Dezernentenebene in einer Mitarbeiterversammlung alle Ergebnisse der digitalen Reifegradanalyse allen interessierten Mitarbeitenden zugänglich gemacht. Im Anschluss an die Mitarbeiterversammlung fanden in allen Ämtern und Abteilungen verbindliche Workshops statt. Diese dienten zur Diskussion der Ergebnisse und zur Ableitung strategischer Ziele für die Ämter

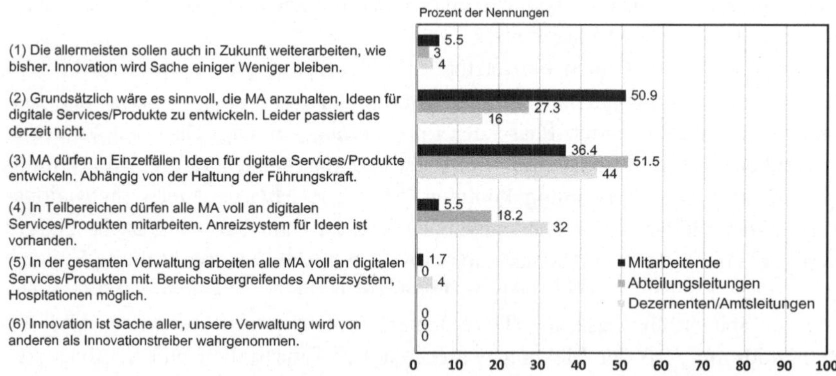

Abb. 2.3 Innovationstreiber bei der Stadtverwaltung B

und für die Stadt insgesamt. Hauptgegenstand einer sich an die Workshop-Phase anschließenden Strategieklausur im Führungskreis der Stadtverwaltung B war die Vorstellung der zuvor Bottom Up generierten strategischen Ziele, sowie deren nochmalige Priorisierung und Diskussion. Im Anschluss an die verwaltungsinterne Strategiediskussion wurde die Außensicht von Bürgerinnen und Bürgern, Wirtschaft und Jugendgemeinderat eingeholt. Anschließend wurde die Digitalisierungsstrategie finalisiert, im Gemeinderat verabschiedet und ihre Umsetzung geplant.

2.3   Fallbeispiel 3: Behördenvergleich und Evaluation des Digitalisierungsfortschritts

Im Vergleich zu der in Abschn. 2.2 vorgestellten Stadtverwaltung B, die zum Zeitpunkt des Einsatzes des digitalen Reifegradmodells am Anfang ihres Strategieprozesses stand, hatte sich die Stadtverwaltung C bereits zwei Jahre zuvor auf den Weg gemacht. Das digitale Reifegradmodell wurde nun eingesetzt, um nach zwei Jahren Arbeit an den strategischen Zielstellungen eine Zwischenevaluation des Digitalisierungsfortschritts zu erhalten. Um der Stadtverwaltung C nicht nur eine absolute Orientierung über den Erfolg ihrer Bemühungen zu geben, sondern auch die Möglichkeit, sich zu vergleichen, wurden die Ergebnisse der Stadtverwaltung C denen der Stadtverwaltung B gegenübergestellt. Da bei der Stadtverwaltung C nur die Spitzenführungskräfte (Dezernenten und Amtsleitungen) an der Einschätzung des digitalen Reifegrades teilnahmen, wurden auch bei der Stadtverwaltung B für den Vergleich nur die Antworten der Dezernenten und Amtsleitungen berücksichtigt. Insgesamt umfasst die für den Behördenvergleich herangezogene Stichprobe 47 Personen, davon 25 Spitzenführungskräfte der Stadtverwaltung B und 22 Spitzenführungskräfte der Stadtverwaltung C. Abb. 2.4 zeigt die Ausprägung der einzelnen Teilbereiche des digitalen Reifegradmodells, sowohl behördenübergreifend, als auch nach Stadtverwaltungen getrennt.

Im bisherigen Prozess setzte die Stadtverwaltung C verstärkt auf die Etablierung von neuen Formen der Zusammenarbeit, auf die Verbesserung der Fehlerkultur, sowie auf die Mitarbeiterentwicklung. In diesen Dimensionen zeigten sich im Vergleich zur Stadtverwaltung B signifikante Verbesserungen. In Bezug auf die Etablierung von neuen Formen der Zusammenarbeit resultierte das Gesamtergebnis vor allem daraus, dass die Stadtverwaltung C zunehmend in die Nutzung digitaler Plattformen für das Wissensmanagement investiert (mittlerer Reifegrad $B = 2{,}32$; mittlerer Reifegrad $C = 2{,}73$; t-Test, Irrtumswahrscheinlichkeit

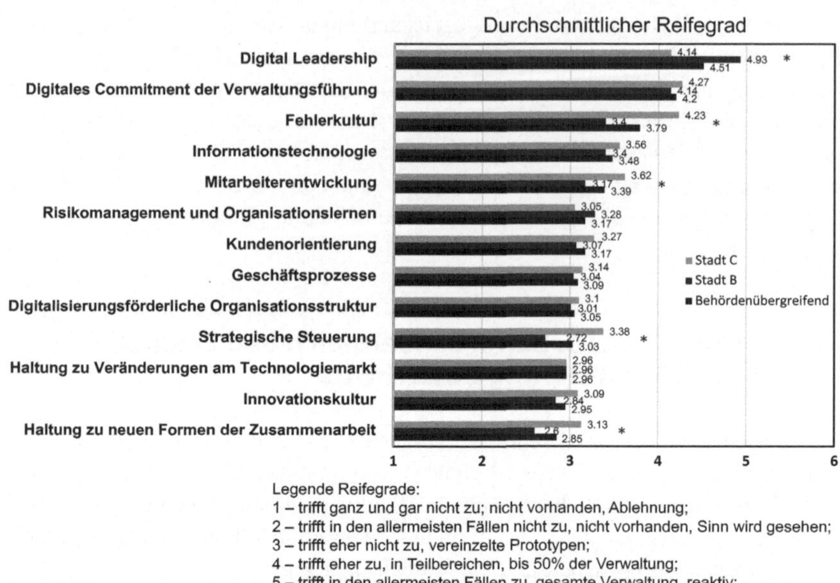

Abb. 2.4 Digitale Reifegrade im Behördenvergleich

$p < 0,05$), wenngleich der mittlere Reifegrad absolut gesehen hier auch immer noch sehr klein ist. Darüber hinaus unterstützt sie mobiles Arbeiten und schafft die notwendigen Voraussetzungen dafür (mittlerer Reifegrad B = 2,88; mittlerer Reifegrad C = 3,68; t-Test, Irrtumswahrscheinlichkeit $p < 0,05$). In der Offenheit für neue Arbeitsformen liegt die Stadtverwaltung C im mittleren Reifegrad tendenziell weiter vorn, der Unterschied zwischen beiden Städten ist allerdings nicht signifikant (mittlerer Reifegrad B = 2,6; mittlerer Reifegrad C = 3,0). Dieser Befund ist insofern sehr spannend, als dass die Stadtverwaltung C im Rahmen ihres bisherigen Transformationsprozesses sehr viel Anstrengung und Ressourcen in die Etablierung des projekthaften Arbeitens investiert hat. Offensichtlich reicht das aber immer noch nicht. Bezieht man zusätzlich noch den Teilbereich digitalisierungsförderliche Organisationsstruktur in die Betrachtung mit ein, so stellt man fest, dass es auch hier keine Unterschiede zwischen den beiden Verwaltungen gibt. In beiden herrscht nach wie vor an Ämterzuständigkeiten orientiertes Arbeiten vor. Bereichsübergreifende Kommunikation und Information stecken in den Anfängen, ebenso wie bereichsübergreifendes Arbeiten an Projekten oder die Ausrichtung von Strukturen an Geschäftsprozessen. Offensichtlich sind die bestehenden Organisationsbarrieren sehr stark und die über lange Zeit sozialisierten Pfade entlang der Zuständigkeiten sehr stabil.

Der Unterschied im Teilbereich Mitarbeiterentwicklung ist vor allem auf die Anstrengungen zurückzuführen, die die Stadtverwaltung C im Bereich der strategischen Personalentwicklung unternommen hat (mittlerer Reifegrad B = 2,91; mittlerer Reifegrad C = 3,57; t-Test; Irrtumswahrscheinlichkeit p<0,05). In diesem Ergebnis zeichnen sich vor allem zwei Unterfaktoren maßgeblich ab. So gab die Stadtverwaltung C an, digitale Expertise als zentrale Komponente bei der Personalauswahl und -entwicklung zu berücksichtigen (mittlerer Reifegrad B = 2,88; mittlerer Reifegrad C = 4,14; t-Test, Irrtumswahrscheinlichkeit p < 0,05), sowie bei zu besetzenden Positionen gezielt nach Mitarbeitenden mit digitaler Expertise zu suchen (mittlerer Reifegrad B = 3,04; mittlerer Reifegrad C = 4,27; t-Test, Irrtumswahrscheinlichkeit p <0,05). Kurz gesagt setzt die Stadtverwaltung C demnach vor allem auf „Zukauf" digitaler Expertise vom Arbeitsmarkt. Bezogen auf die Lernbereitschaft und die digitale Expertise ihrer bestehenden Mitarbeitenden schätzten sich beide Stadtverwaltungen dagegen in etwa gleich ein (behördenübergreifender mittlerer Reifegrad Lernbereitschaft = 3,5 und digitale Expertise = 4,0; keine signifikanten Unterschiede zwischen B und C). Und bedauerlicherweise investierte auch Stadtverwaltung C bislang gleich wenig wie B in moderierten Wissensaustausch, Weiterbildungsmaßnahmen und Fortbildungen zu Digitalisierungsthemen oder die Etablierung von internen bzw. externen Digitalisierungsexperten als Ansprechpartner für die Mitarbeitenden. Und ebenso wenig wie B stellte sie den Mitarbeitenden bislang ausreichend Zeit zur Verfügung, um sich im Arbeitsalltag mit Digitalisierung zu beschäftigen, sowie neu erworbenes Wissen zur Digitalisierung anzuwenden, zu festigen und damit zu experimentieren. Betrachtet man in diesem Kontext die Innovationskultur und die Haltung zu Veränderungen am Technologiemarkt der Stadtverwaltung C im Vergleich zur Stadtverwaltung B, so stellt man auch hier keine Unterschiede fest. Obwohl C bereits seit zwei Jahren unterwegs ist, wird offensichtlich zu wenig Boden bereitet, auf dem echte Innovation gedeihen kann. Es entsteht der Eindruck, als versuche die Stadtverwaltung C allein mit vorhandenen Bordmitteln voran zu kommen. Ebenso wie für Stadtverwaltung B ist es für Stadtverwaltung C wichtig, ihre bisherige Ressourcenallokation in Bezug auf die Unterstützung der digitalen Transformation zu hinterfragen und ggfs. neu zu justieren.

Dieser Gedanke führt unweigerlich zur Betrachtung des digitalen Commitments der Verwaltungsführung. Ebenso wie bei Stadtverwaltung B lag dieses bei

C bei einem mittleren Reifegrad um vier. Dies ist zu wenig, um die entsprechende Umsetzungsstärke zu erreichen. Es braucht eine straffere Steuerung und vor allem eine größere Aufmerksamkeit der Spitzenführungskräfte für die Umsetzung der beschlossenen Digitalisierungsmaßnahmen. Sonst versanden in der Stadtverwaltung C die Vorhaben in der Beliebigkeit der einzelnen Ämter. Dass diese Gefahr durchaus besteht, zeigte die bisherige Bilanzierung des Erreichten. Obwohl die Digitalisierung von bestehenden Geschäftsprozessen ein Arbeitsschwerpunkt war, erzielte die Stadtverwaltung C in Bezug auf den Teilbereich Geschäftsprozesse nur einen mittleren Reifegrad von 3,14 und im Teilbereich Kundenorientierung nur einen mittleren Reifegrad von 3,27. Damit unterschied sie sich nicht signifikant von Stadtverwaltung B, welche Reifegrade um den Mittelwert drei tendenziell auch ohne das Vorhandensein einer Digitalisierungsstrategie erreicht hat. Hier wie dort gilt allerdings: einzelne Prototypen und Vorzeigeprojekte machen noch keine digitale Transformation der Gesamtverwaltung. Eigentlich sollte das bei der Stadtverwaltung C schon deutlich anders aussehen, denn im Teilbereich Strategische Steuerung lag sie mit einem mittleren Reifegrad von 3,38 im Vergleich zu 2,72 signifikant über der Stadtverwaltung B. Grundsätzlich kann aber auch hier schon angemerkt werden: drei ist zu wenig! Eine solche strategische Ausrichtung entfaltet nicht genügend Durchschlagskraft und Präzision. Betrachtet man die dazugehörigen Unterfaktoren, so kann festgestellt werden, dass der Unterschied auf Teilbereichsebene vor allem dadurch zustande gekommen ist, dass die Stadtverwaltung C bereits eine digitale Vision (mittlerer Reifegrad $B = 2{,}44$; mittlerer Reifegrad $C = 3{,}23$; t-Test, Irrtumswahrscheinlichkeit $p < 0{,}05$) und eine Digitalisierungsstrategie (mittlerer Reifegrad $B = 2{,}48$; mittlerer Reifegrad $C = 3{,}09$; t-Test, Irrtumswahrscheinlichkeit $p < 0{,}05$) erarbeitet, sowie den Stellenwert der digitalen Erbringung von Verwaltungsleistungen stärker in der kommunalen Gesamtstrategie verankert hat (mittlerer Reifegrad $B = 2{,}92$; mittlerer Reifegrad $C = 3{,}95$; t-Test, Irrtumswahrscheinlichkeit $p < 0{,}05$). Darüber hinaus war der Partizipationsgrad bei der bisherigen Strategieerarbeitung bei der Stadtverwaltung C höher als bei der Stadtverwaltung B (mittlerer Reifegrad $B = 3{,}2$; mittlerer Reifegrad $C = 4{,}09$; t-Test, Irrtumswahrscheinlichkeit $p < 0{,}05$). Worin sich beide Stadtverwaltungen zum Zeitpunkt der Untersuchung allerdings nicht unterschieden, war das überwiegende Fehlen der Definition von Messgrößen für die Zielerreichung des digitalen Wandels (mittlerer Reifegrad $B = 2{,}48$; mittlerer Reifegrad $C = 2{,}77$; nicht signifikant), sowie die mangelnde Priorisierung digitaler Projekte im Vergleich zum Tagesgeschäft (mittlerer Reifegrad $B = 3{,}08$; mittlerer Reifegrad $C = 3{,}36$; nicht signifikant). Kritisch hinterfragt werden muss in diesem Kontext der höhere mittlere Reifegrad für das Umsetzungscontrolling beschlossener Digitalisierungsmaßnahmen bei Stadtverwaltung C im Vergleich zu B (mittlerer Reifegrad B = 2,44; mittlerer Reifegrad C = 3,18; t-Test, Irrtumswahrscheinlichkeit p < 0,05). Was wird hier eigentlich kontrolliert und durch wen, wenn es doch nicht wirklich Messgrößen für die Zielerreichung des digitalen Wandels gibt? Möglicherweise wird bei der Stadtverwaltung C eine rein quantitative Abfrage, ob an Maßnahmen gearbeitet wird, mit einem inhaltlichen, kennzahlenbasierten Controlling der Zielerreichung verwechselt. Insgesamt muss der Stadtverwaltung C auf der Basis der berichteten Befunde des Behördenvergleichs geraten werden, ihre strategische Steuerung nach zu schärfen, ihre strategischen Ziele mit entsprechenden Kennzahlen zur Zielerreichung zu hinterlegen und ein entsprechend nachhaltiges Umsetzungscontrolling für die beschlossenen Digitalisierungsmaßnahmen aufzubauen, welches auch dafür sorgt, dass Ämterbarrieren und überholte Arbeitsweisen überwunden und die notwendigen Ressourcen richtig zugewiesen werden.

Abschließend sei noch der Teilbereich Digital Leadership betrachtet. Hier zeigte sich, dass sich die Stadtverwaltung C im Vergleich zur Stadtverwaltung B signifikant schlechter, wenngleich aber auch immer noch deutlich positiv einschätzte. Für diesen Befund gibt es zwei mögliche Interpretationen. Einerseits wurde bei der Erhebung in Stadtverwaltung C ein anderes Antwortformat genutzt, als bei der Stadtverwaltung B. Während bei B, wie zuvor schon beschrieben, die direkten Vorgesetzten eingeschätzt werden sollten, wurden die Befragten bei der Stadtverwaltung C gebeten, die Führungskompetenzen ihrer Kolleginnen und Kollegen auf gleicher Ebene einzuschätzen. Möglicherweise war man hier kritischer, als mit dem eigenen Chef. Andererseits investiert die Stadtverwaltung C sehr intensiv und sehr innovativ in die Professionalisierung ihrer Führungskräfte. Es ist daher ebenso gut möglich, dass die verstärkte Auseinandersetzung mit den Anforderungen der modernen Arbeitswelt und dem eigenen Führungsalltag die Führungskräfte der Stadtverwaltung C hat selbstkritischer werden lassen. Für den Teilbereich Digital Leadership werden aktuell Vergleichsdaten auch bei anderen Behörden erhoben. Nur so lassen sich die Befunde der Stadtverwaltungen B und C besser einordnen. Da es den Autorinnen mit dem Einsatz des digitalen Reifegradmodells allerdings nicht um die Etablierung absoluter Wahrheiten geht, sondern um die Anregung der organisationsinternen Diskussion, kann die Stadtverwaltung C mit den zuvor genannten Hypothesen bereits jetzt weiter arbeiten und diese am eigenen Erleben prüfen.

Zusammenfassung und Ausblick 3

Reifegradmodelle werden für unterschiedliche Fragestellungen seit Jahren eingesetzt, um Transformationsprozesse zielorientiert zu steuern und zu verbessern. Mit der Entwicklung des vorliegenden Reifegradmodells für öffentliche Verwaltungen war der Wunsch verbunden, Behörden ein Instrument für das tiefgründige Verständnis der eigenen Organisation an die Hand zu geben. Denn nur derjenige, der die eigene Organisation kennt und versteht, kann systematisch die Ansatzpunkte für Veränderung definieren. Gleichzeitig sollte dieses Reifegradmodell auch dem Anspruch genügen, einen Transformationsweg entwickeln zu können. Deshalb beschränkt es sich nicht auf die Beschreibung des Status quo, sondern beinhaltet Reifegradstufen. So kann ausgehend vom Status quo situativ bezogen auf die eigene Institution eine individuelle Transformationsstrategie entwickelt werden. Hat eine Verwaltung einen Transformationsprozess gestartet, kann das Reifegradmodell durch regelmäßigen Einsatz als Zwischenevaluation genutzt werden, um den Entwicklungspfad nachzuvollziehen, zu dokumentieren und die gewählte Strategie anzupassen. Damit ist es auch ein Steuerungsinstrument für den Transformationsprozess selbst.

Im Anschluss an die Entwicklung und Evaluation des Reifegradmodells gilt es nun, zu untersuchen, wie sich die mit seiner Hilfe angestoßenen Veränderungen auswirken. In diesem Zusammenhang stellt sich insbesondere die Frage, wie einzelne öffentliche Verwaltungen vom Ergebnis des Reifegradmodells ausgehend die digitale Transformation als strategisches Programm etablieren, welche Bereiche und Aktivitäten priorisiert geplant werden und welcher Erfolg sich jeweils einstellt. Die Analyse der unterschiedlichen Entwicklungspfade könnte dazu beitragen, Erfolgskriterien herauszuarbeiten und zu evaluieren. So ist der Benchmark zwischen Kommunen anhand des Reifegradmodelles aktuell möglich.

© Springer Fachmedien Wiesbaden GmbH, ein Teil von Springer Nature 2019   39
B. Schenk und C. Schneider, *Mit dem digitalen Reifegradmodell
zur digitalen Transformation der Verwaltung,* essentials,
https://doi.org/10.1007/978-3-658-27754-3_3

Ein Benchmark zwischen den unterschiedlichen Behördenarten wie Gemeinde-
verwaltung, Stadtverwaltung, Landratsamt bis hin zu Regierungspräsidien und
Ministerien existiert bislang noch nicht. Die dafür notwendige Datenbasis gilt es,
zukünftig aufzubauen. Schlussendlich bleibt auch das Reifegradmodell selbst ein
Forschungsfeld. Es leistet einen wissenschaftlichen Beitrag durch seine Ganz-
heitlichkeit und seine Domänenspezifik. Ein sich stetig veränderndes Umfeld
und damit einhergehende veränderte Anforderungen erfordern allerdings seine
kontinuierliche Verfeinerung und Verbesserung.

Was Sie aus diesem *essential* mitnehmen können

- Eine vertiefte Kenntnis aller Teilbereiche, die für die digitale Transformation einer Verwaltung erfolgskritisch sind
- Eine Vorstellung darüber, wie unterschiedlich sich Verwaltungen derzeit auf den Weg machen
- Konkrete Daten aus anderen Verwaltungen, die Sie nutzen können, um Ihren eigenen Status quo zu hinterfragen
- Ideen, wo Sie als nächstes ansetzen müssen, um Ihre eigene Verwaltung voran zu bringen
- Anregungen für die Strategische Steuerung und Strategieentwicklung Ihrer Verwaltung

© Springer Fachmedien Wiesbaden GmbH, ein Teil von Springer Nature 2019 41
B. Schenk und C. Schneider, *Mit dem digitalen Reifegradmodell*
zur digitalen Transformation der Verwaltung, essentials,
https://doi.org/10.1007/978-3-658-27754-3

Literatur

Arreola, A., Becker, K., Cheng, C.-H., Döricht, V., Duchon, M., Fehling, M., Grolman, H. von, Hallensleben, S., Hopf, S., Ivandic, N., Klein, C., Läßle, E., Linder, J., Neuburger, R., Prehofer, C., Schätz, B., Scholdan, R., Schorp, K., Sedlmair, J., Vittorias, I., Walckhoff, S., Wenger, M., & Zoitl, A. (2017). Digitale Transformation – Wie Informations- und Kommunikationstechnologie etablierte Branchen grundlegend verändern. Der Reifegrad von Automobilindustrie, Maschinenbau und Logistik im internationalen Vergleich. Abschlussbericht des vom Bundesministerium für Wirtschaft und Technologie geförderten Verbundvorhabens „IKT-Wandel". München: fortiss GmbH. https://business-services.heise.de/fileadmin/images/Specials/Fortiss_Studie_2016/studie_digitale_transformation_komplett.pdf. Zugegriffen: 5. Aug. 2019.

Azhari, P., Faraby, N., Rossmann, A., Steimel, B., & Wichmann, K. S. (2014). Digital Transformation Report 2014. Köln: neuland GmbH und WirtschaftsWoche. http://www.wiwo.de/downloads/10773004/1/dta_report_neu.pdf. Zugegriffen: 2. Aug. 2019

Back, A. (2017). Transformation in der Praxis. Mit Highlights aus dem Digital Maturity & transformation report 2017. Universität St. Gallen, Institut für Wirtschaftsinformatik und CROSSWALK. https://aback.iwi.unisg.ch/fileadmin/projects/aback/web/pdf/best_practice_report.pdf. Zugegriffen: 5. Aug. 2019.

Beck, R., & Schliesky, U. (2017). Bürger- und unternehmenszentrierte Verwaltung. In Bertelsmann Stiftung (Hrsg.), *Digitale Transformation der Verwaltung. Empfehlungen für eine gesamtstaatliche Strategie* (S. 34). Gütersloh. https://www.bertelsmann-stiftung.de/fileadmin/files/Projekte/Smart_Country/DigiTransVerw_2017_final.pdf. Zugegriffen: 5. Aug. 2019.

Berghaus, S., & Back, A. (2016). Gestaltungsbereiche der Digitalen Transformation von Unternehmen: Entwicklung eines Reifegradmodells. *Die Unternehmung, 70*(2), 98–123. https://doi.org/10.5771/0042-059X-2016-2-98.

Berghaus, S., Back, A., & Kaltenrieder, B. (2017). Digital maturity & transformation report 2017. Wo stehen Schweizer Unternehmen in Bezug auf die Digitale Transformation? Institut für Wirtschaftsinformatik Universität St. Gallen und Crosswalk. St. Gallen. https://crosswalk.ch/dmtr2017. Zugegriffen: 5. Aug. 2019.

Bernardis, A., Hochreiter, G., Lang, M., & Mitterer, G. (2016). Auf zu neuen Ufern. *Harvard Business Manager, Sonderheft 2016,* 89–95.

© Springer Fachmedien Wiesbaden GmbH, ein Teil von Springer Nature 2019

B. Schenk und C. Schneider, *Mit dem digitalen Reifegradmodell zur digitalen Transformation der Verwaltung,* essentials, https://doi.org/10.1007/978-3-658-27754-3

Bernstein, E., Bunch, J., Canner, N., & Lee, M. (2016). Beyond the holacracy hype. *Harvard Business Review, 7*(8), 38–49.

Bielby, D. (1992). Commitment to work and family. *Annual Review of Sociology 18,* 281–302. https://www.researchgate.net/profile/Denise_Bielby/publication/234838409_Commitment_to_Work_and_Family/links/5c100fbb92851c39ebe6a461/Commitment-to-Work-and-Family.pdf. Zugegriffen: 5. Aug. 2019.

Bourreau, M., Gensollen, M., & Moreau, F. (2012). The impact of a radical innovation on business models: Incremental adjustments or big bang? *Industry and Innovation 19*(5), 415–435. https://www.researchgate.net/publication/254276997_The_Impact_of_a_Radical_Innovation_on_Business_Models_Incremental_Adjustments_or_Big_Bang. Zugegriffen: 5. Aug. 2019.

Buchwald, A., Urbach, N., & Ahlemann, F. (2014). Business value through controlled IT: Toward an integrated model of IT governance success and its impact. *Journal of Information Technology 29*(2), 128–147. https://www.researchgate.net/profile/Nils_Urbach/publication/262583619_Business_value_through_controlled_IT_Toward_an_integrated_model_of_IT_governance_success_and_its_impact/links/568822ef08aebccc4e155ab4/Business-value-through-controlled-IT-Toward-an-integrated-model-of-IT-governance-success-and-its-impact.pdf. Zugegriffen: 5. Aug. 2019.

Chakravarty, A., Grewal, R., & Sambamurthy, V. (2013). Information technology competencies, organizational agility, and firm performance: Enabling and facilitating roles. *Information Systems Research, 24*(4), 883–1167. https://doi.org/doi.org/10.1287/isre.2013.0500.

Coyle-Shapiro, J. A.-M. (1999). Employee participation and assessment of an organizational change intervention: A three wave study of total quality management [online]. London: LSE Research Online. http://eprints.lse.ac.uk/835/1/JABS_1999.pdf. Zugegriffen: 2. Febr. 2019.

D21Index. (2019). D21 Digital Index 2018/2019 [x]. Jährliches Lagebild zur Digitalen Gesellschaft. https://initiatived21.de/app/uploads/2019/01/d21_index2018_2019.pdf. Zugegriffen: 5. Aug. 2019.

de Bruin, T., Freeze, R., Kaulkarni, U., & Rosemann, M. (2005). Understanding the main phases of developing a maturity assessment model. In B. Campbell, J. Underwood, & D. Bunker (Hrsg.), *Australasian Conference on Information Systems (ACIS)*, November 30 – December 2 2005, Australia, New South Wales, Sydney.

DESI. (2019). Digital public services. Digital economy and society index report 2019. https://ec.europa.eu/newsroom/dae/document.cfm?doc_id=59975. Zugegriffen: 5. Aug. 2019.

Edelman, D., & Dörner, K. (2015). What "digital" really means. In McKinsey (Hrsg.), *Raising your digital quotient* (S. 20–23). https://www.mckinsey.com/~/media/McKinsey/Business%20Functions/McKinsey%20Digital/How%20we%20help%20clients%20v1/Innovative%20approaches/DQ/DQ%20compendium/Raising%20your%20Digital%20Quotient.ashx. Zugegriffen: 5. Aug. 2019.

Edelman, D., & Heller, J. (2015). How digital marketing operations can transform business. In McKinsey (Hrsg.), *Raising your digital quotient* (S. 68–74). https://www.mckinsey.com/~/media/McKinsey/Business%20Functions/McKinsey%20Digital/How%20we%20help%20clients%20v1/Innovative%20approaches/DQ/DQ%20compendium/Raising%20your%20Digital%20Quotient.ashx. Zugegriffen: 2. Aug. 2019.

Eggers, W. D., & Bellman, J. (2015). The journey to government's digital transformation. Deloitte University Press. https://www2.deloitte.com/content/dam/insights/us/articles/digital-transformation-in-government/DUP_1081_Journey-to-govt-digital-future_MASTER.pdf. Zugegriffen: 6. Aug. 2019.

Ender, N. (2015). Smarte Menschen zieht es in Smarte Städte. *HMD Praxis der Wirtschaftsinformatik, 52*(4), 467–469. https://doi.org/10.1365/s40702-015-0159-8.

Fasel, D., & Meier, A. (Hrsg.). (2016). *Big Data. Grundlagen, Systeme und Nutzungspotentiale*. Wiesbaden: Springer Vieweg.

Fath-Allah, A., Cheikhi, L., Al-Qutaish, R. E., & Idri, A. (2014). E-Government portals maturity models: A best practices' coverage perspective. *Journal of Software, 10*(7), 805–824.

Felfe, J., & Six, B. (2006). Die Relation von Arbeitszufriedenheit und Commitment. In L. Fischer (Hrsg.), *Arbeitszufriedenheit* (S. 37–60). Göttingen: Hogrefe. https://www.researchgate.net/profile/Joerg_Felfe/publication/309726302_Die_Relation_von_Arbeitszufriedenhit_und_Commitment/links/581f411508aea429b298d852/Die-Relation-von-Arbeitszufriedenhit-und-Commitment.pdf. Zugegriffen: 5. Aug. 2019.

Fitzgerald, M., Kruschwitz, N., Bonnet, D., & Welch, M. (2013). Embracing digital technology. A new strategic imperative. Findings from the 2013 Digital Transformation Global Executive Study and Research Project. MIT Sloan Management Review, Capgemini Consulting, Research Report 2013.

Fostec & Company. (2019). Digital readiness. https://www.fostec.com/de/kompetenzen/digitalisierungsstrategie/digital-readiness/. Zugegriffen: 5. Aug. 2019.

Frankenberger, K., Weiblen, T., & Gassmann, O. (2013). Network configuration, customer centricity, and performance of open business models: A solution provider perspective. *Industrial Marketing Management, 42*(5), 671–682.

Fraunhofer Allianz Big Data & QUANTIC Digital. (2016). Befähigung für digitales Business schaffen. DRP™ – Das digitale Innovationsbefähigungsmodell zur digitalen Transformation von Geschäftsfeldern von Innen heraus. https://www.bigdata.fraunhofer.de/content/dam/bigdata/de/documents/Publikationen/DRP_Model_FhBigDataAllianz.pdf. Zugegriffen: 5. Aug. 2019.

Fromm, J., Welzel, C., Nentwig, L., & Weber, M. (2015). E-Government in Deutschland: Vom Abstieg zum Aufstieg. Berlin: Kompetenzzentrum Öffentliche IT und Nationaler Normenkontrollrat. ÖFIT-Whitepaper auf der Grundlage des Gutachtens »Bürokratieabbau durch Digitalisierung: Kosten und Nutzen von E-Government für Bürger und Verwaltung« im Auftrag des Nationalen Normenkontrollrat. Berlin: Kompetenzzentrum Öffentliche IT und Nationaler Normenkontrollrat. https://www.normenkontrollrat.bund.de/resource/blob/300864/753828/8defe142de7cd9d8cf5732b3258ced4c/2015-11-12-gutachten-egov-2015-data.pdf. Zugegriffen: 5. Aug. 2019.

Gabriel, K. (2019). *Evaluation der digitalen Reifegradbestimmung eines Landratsamtes*. Hochschule für öffentliche Verwaltung und Finanzen, Ludwigsburg: Unveröffentlichte Masterarbeit.

Gadatsch, A., & Mayer E. (2006). *Masterkurs IT-Controlling. Grundlagen und Praxis – IT-Kosten und Leistungsrechnung – Deckungsbeitrags- und Prozesskostenrechnung – Target Costing* (3. Verbesserte und erweiterte Auflage). Wiesbaden: Springer.

Ganguly, A., Nilchiani, R., & Farr, J. V. (2009). Evaluating agility in corporate enterprises. *International Journal of Production Economics, 118*, 410–423.

Gill, M., & VanBoskirk, S. (2016). The digital maturity model 4.0. Benchmarks: Digital business transformation playbook. ForresterResearch Inc., Cambridge, MA, USA 22. Januar 2016. https://forrester.nitro-digital.com/pdf/Forrester-s%20Digital%20Maturity%20Model%204.0.pdf. Zugegriffen: 5. Aug. 2019.

Grover, V., & Kohli, R. (2012). Cocreating IT value: New capabilities and metrics for multifirm environments. *MIS Quarterly, 36*(1), 225–232.

Hackl, B., Wagner, M., Attmer, L., & Baumann, D. (2017). *New Work: Auf dem Weg zur neuen Arbeitswelt. Management-Impulse, Praxisbeispiele, Studien.* Wiesbaden: Springer.

Hill, H. (2011). Von Innovationsmanagement und Management der Unsicherheit zur zukunftsfähigen Verwaltung. *Verwaltung & Management, 1,* 3–7.

Hogrebe, F., & Kruse, W. (2014). Deutschland 4.0 – Industrie, Verwaltung, Standort, Wohlstand. Grundwerk zur „Verwaltung 4.0" als Partner von „Industrie 4.0" im Zeitalter des Internets der Dinge und der Dienste. Frankfurt a. M.: Verlag für Verwaltungswissenschaften.

Hunnius, S. (2017). Bürger- und unternehmenszentrierte Verwaltung. In Bertelsmann Stiftung (Hrsg.), *Digitale Transformation der Verwaltung. Empfehlungen für eine gesamtstaatliche Strategie* (S. 12–30). Gütersloh. https://www.bertelsmann-stiftung.de/fileadmin/files/Projekte/Smart_Country/DigiTransVerw_2017_final.pdf. Zugegriffen: 2. Aug. 2019.

Jahani, B., Javadein, S. R. S., & Jafari, H. A. (2010). Measurement of enterprise architecture readiness within organizations. *Business Strategy Series, 11*(3), 177–191. https://doi.org/10.1108/17515631011043840.

Kane, G. C., Palmer, D., Phillips, A. N., Kiron, D., & Buckley, N. (2015). Strategy, not technology, Drives digital transformation. Becoming a digitally mature entreprise. MIT Sloan Management Review and Deloitte University Press, July.

Kirchherr, J., Klier, J., Lehmann-Brauns, C., & Winde, M. (2018). Future skills. Welche Kompetenzen in Deutschland fehlen. Diskussionspapier 1. Stifterverband für die Deutsche Wissenschaft e. V.

Kissel, K. (2016). Agile Führung extra trainieren? *wirtschaft + weiterbildung, 9,* 50–52.

Labusch, N., Aier, S., & Winter, R. (2014). A reference model for the information-based support of enterprisetransformations. In M. C. Tremblay, M. C. D. Vandermeer, M. Rothenberger, A. Gupta, & V. Yoon (Hrsg.), *Advancing the impact of design science: Moving from theory to practice* (Bd. 8463, S. 194–208). 9th International Conference, DESRIST 2014, Miami, FL, USA, May 22–24, 2014. Springer International Publishing.

Petry, A. (2016). Digital readiness of organizations. A critical perspective. Bachelor Thesis. Universität Mannheim.

Poppenborg, M. (2019). Ein Fallbeispiel moderner Führung. https://intrinsify.de/ein-fallbeispiel-moderner-fuehrung/. Zugegriffen: 5. Aug. 2019.

PWC-Studie. (2016). Deutschlands Städte werden digital. https://www.pwc.at/de/publikationen/studien/pwc-studie_deutschlands-staedte-werden-digital.pdf. Zugegriffen: 5. Aug. 2019.

Sambamurthy, V., Bharadwaj, A. S., & Grover, V. (2003). Shaping agility through digital options: Reconceptualizing the role of information technology in contemporary firms. *MIS Quarterly, 27*(2), 237–263.

Schaefer, D., & Bohn, U. (2017). Culture first! Learning from the pioneers of the digital revolution change management study 2017. CapGemini. https://www.capgemini.com/consulting-de/wp-content/uploads/sites/32/2018/01/pdf_changestudie2017_rz_en.pdf. Zugegriffen: 5. Aug. 2019.

Schneider, C. (2018). Führungskräfteentwicklung für die Digitalisierung. *innovative verwaltung 11*, 35–37.

Schneider, C., & Schreier, A. (2018). Mitarbeiterfluktuation in der öffentlichen Verwaltung – Ursachen und Ansatzpunkte für Mitarbeiterbindung. *apf, 4*, 101–107.

Schuppan, T., & Köhl, S. (2016). Krisenmanagement – Herausforderung für das Public Management?! *Verwaltung & Management, 3*, 115–125.

Smaje, K., Sohoni, V., & Rickards T. (2015). „Transformer-in-Chief": The new chief digital officer. In McKinsey (Hrsg.), *Raising your digital quotient* (S. 60–67). https://www.mckinsey.com/~/media/McKinsey/Business%20Functions/McKinsey%20Digital/How%20we%20help%20clients%20v1/Innovative%20approaches/DQ/DQ%20compendium/Raising%20your%20Digital%20Quotient.ashx. Zugegriffen: 2. Aug. 2019.

Smith, H. A., & McKeen, J. (2011). Enabling collaboration with IT. Communications of the association for information systems. *28*(16). https://pdfs.semanticscholar.org/8962/73aa5ac0844c41c461810769c06c770e32ec.pdf. Zugegriffen: 5. Aug. 2019.

Waterman, R. H., Peters, T. J., & Phillips, J. R. (1980). Structure is not organization. *Business Horizons, 23*(3), 14–26. https://doi.org/doi.org/10.1016/0007-6813(80)90027-0.

Weber, M. (2018). Stand des eGovernment in Deutschland. In J. Stember, W. Eixelsberger, & A. Spichiger (Hrsg.), *Wirkungen von e-Government* (S. 159–180). Wiesbaden: Springer Gabler. https://doi.org/doi.org/10.1007/978-3-658-20271-2_8.

Weick, K. E., & Sutcliff, K. M. (2003). *Das Unerwartete managen*. Schäffer-Poeschel: Wie Organisationen aus Extremsituationen lernen.

Westerman, G., Calméjane, C., Bonnet, D., Ferraris, P., & McAfee, A. (2011). Digital transformation: A road-map for billion-dollar organizations. MIT Center for Digital Business and Capgemini Consulting. https://www.capgemini.com/wp-content/uploads/2017/07/Digital_Transformation__A_Road-Map_for_Billion-Dollar_Organizations.pdf. Zugegriffen: 23. Juli 2019.

Westerman, G., Tannou, M., Bonnet, D., Ferraris, P., & McAfee, A. (2012). The digital advantage: How digital leaders outperform their peers in every industry. MIT Center for Digital Business and CapGemini. https://www.capgemini.com/wp-content/uploads/2017/07/The_Digital_Advantage__How_Digital_Leaders_Outperform_their_Peers_in_Every_Industry.pdf. Zugegriffen: 5. Aug. 2019.

Westerman, G., Bonnet, D., & McAfee, A. (2014). The nine elements of digital transformation. MIT Sloan Management Review. https://sloanreview.mit.edu/article/the-nine-elements-of-digital-transformation/. Zugegriffen: 5. Aug. 2019.